Collection « L'esprit économique »

fondée par Sophie Boutillier et Dimitri Uzunidis en 1996
dirigée par Sophie Boutillier, Blandine Laperche, Dimitri Uzunidis

Si l'apparence des choses se confondait avec leur réalité, toute réflexion, toute Science, toute recherche serait superflue. La collection « L'esprit économique » soulève le débat, textes et images à l'appui, sur la face cachée économique des faits sociaux : rapports de pouvoir, de production et d'échange, innovations organisationnelles, technologiques et financières, espaces globaux et microéconomiques de valorisation et de profit, pensées critiques et novatrices sur le monde en mouvement...
Ces ouvrages s'adressent aux étudiants, aux enseignants, aux chercheurs en sciences économiques, politiques, sociales, juridiques et de gestion, ainsi qu'aux experts d'entreprise et d'administration des institutions.

La collection est divisée en six séries :

Dans la série *Economie et Innovation* sont publiés des ouvrages d'économie industrielle, financière et du travail et de sociologie économique qui mettent l'accent sur les transformations économiques et sociales suite à l'introduction de nouvelles techniques et méthodes de production. L'innovation se confond avec la nouveauté marchande et touche le cœur même des rapports sociaux et de leurs représentations institutionnelles.

La série *Economie formelle* a pour objectif de promouvoir l'analyse des faits économiques contemporains en s'appuyant sur les approches critiques de l'économie telle qu'elle est enseignée et normalisée mondialement. Elle comprend des livres qui s'interrogent sur les choix des acteurs économiques dans une perspective macroéconomique, historique et prospective.

Dans la série *Le Monde en Question* sont publiés des ouvrages d'économie politique traitant des problèmes internationaux. Les économies nationales, le développement, les espaces élargis, ainsi que l'étude des ressorts fondamentaux de l'économie mondiale sont les sujets de prédilection dans le choix des publications.

La série *Krisis* a été créée pour faciliter la lecture historique des problèmes économiques et sociaux d'aujourd'hui liés aux métamorphoses de l'organisation industrielle et du travail. Elle comprend la réédition d'ouvrages anciens, de compilations de textes autour des mêmes questions et des ouvrages d'histoire de la pensée et des faits économiques.

La série *Clichés* a été créée pour fixer les impressions du monde économique. Les ouvrages contiennent photos et texte pour faire ressortir les caractéristiques d'une situation donnée. Le premier thème directeur est : mémoire et actualité du travail et de l'industrie ; le second : histoire et impacts économiques et sociaux des innovations.

La série *Cours Principaux* comprend des ouvrages simples, fondamentaux et/ou spécialisés qui s'adressent aux étudiants en licence et en master en économie, sociologie, droit, et gestion. Son principe de base est l'application du vieil adage chinois : « le plus long voyage commence par le premier pas ».

La crise financière du Liban

5-7, rue de l’École-Polytechnique, 75005 Paris

http://www.editions-harmattan.fr

ISBN : 978-2-336-41956-5
EAN : 9782336419565

Albert Dagher

La crise financière du Liban

Taux de change, FMI, politique monétaire

L'Harmattan

Du même auteur

1. ***La crise de la monnaie libanaise 1983 - 1989***, Beyrouth, éditions FMA (Fiches du Monde Arabe), 1989, 105 pages (en français).
2. ***L'État et l'économie au Liban : action gouvernementale et finances publiques, de l'Indépendance à 1975***, Beyrouth, *CERMOC*, 1995, 222 pages (en français).
3. ***Le Liban et la Syrie : les défis économiques et les politiques requises***, Beyrouth, Dar An-Nahar, 2001, 241 pages (en arabe).
4. ***Pour une politique de développement arabe : propositions opposées à l'approche néo-libérale***, Beyrouth, Dar Mountada – al - Maaref, 2012, 144 pages (en arabe).
5. ***Prémisses théoriques pour construire le devenir économique de la Syrie***, Damas, éditions *Mother Syria Assembly*, 2018, 224 pages (en arabe).
6. ***Comment une élite prédatrice a détruit le Liban***, éditions Le bord de l'eau, Lormont, 2022, 156 pages (en français).
7. ***Courants de pensée contemporains pour le développement arabe***, Arab Center for Research and Policy Studies, 2022, 138 pages (en arabe).
8. ***L'expérience développementale du Liban***, Arab Center for Research and Policy Studies, 2023, 132 pages (en arabe).
9. ***L'effondrement du taux de change au Liban : rôle du FMI et rôle de l'intérieur***, Beyrouth, Dar Mountada – al - Maaref, 2023 (en arabe).
10. ***L'administration publique au Liban***, Beyrouth, Dar Mountada - al- Maaref, 2023 (en arabe).
11. ***La politique industrielle au Liban***, Beyrouth, Dar Mountada – al - Maaref, 2023 (en arabe).

Sommaire

Avant-propos

Cet avant-propos offre une présentation du contenu du livre sous trois titres : (1) le rôle du FMI dans l'effondrement du taux de change de la livre libanaise ; (2) le rôle des acteurs internes dans l'approfondissement de la crise financière ; (3) comment sortir de la crise.
Il rappelle d'abord ce qui a lieu depuis les premiers mois de 2023, c'est-à-dire la stabilité du taux de change à un niveau proche de 100 000 LL/$ et son maintien à ce niveau.

1. LA STABILITÉ DU TAUX DE CHANGE DURANT LES PREMIERS MOIS DE 2023

Dans l'étude publiée dans le journal *Al-Akhbar* du 22 mai 2023, sous le titre : « Le renflouement des banques détruit le Liban » (qui constitue le onzième chapitre de ce livre), l'augmentation du prix du dollar sur le marché de Beyrouth a été expliquée en invoquant la responsabilité de la Banque Centrale et ses achats de dollars sur le marché par le biais des changeurs. Le prix du dollar cesse d'augmenter dès que la Banque Centrale interrompt ses achats sur le marché.
Le niveau que le cours du dollar a atteint possède sa justification : les dettes de la Banque Centrale, qui étaient de 80 milliards de dollars au taux de change de 1500 LL/$, ne sont plus que de 1,2 milliards au taux de 100 000 LL/$, et les dettes de l'État, qui étaient de 85 milliards de dollars ne sont plus que de 1,3 milliards de dollars – ce qui suggère que l'objectif était d'annuler les dettes de la Banque Centrale et celles de l'État. Cela s'applique aussi aux engagements des banques envers leurs déposants, conduisant à la quasi-annulation des dépôts de ces derniers dans les banques.
Tout cela a eu lieu avant la fin du mandat du gouverneur de la Banque Centrale, Riad Salamé, le 31 juillet et son abandon de poste. Une chose est certaine, c'est que l'engagement de Salamé, d'abord et avant tout, est en faveur des banques et de leurs intérêts. Tout ce qu'il a entrepris, en particulier la hausse du cours du dollar, avait pour objectif d'empêcher les banques de déclarer faillite, et de supprimer leurs dettes envers leurs déposants, c'est-à-dire les dépôts de ces derniers. C'est cela qui a lieu en faisant monter le taux de change ou cours du dollar jusqu'à la limite de 100 000 LL/$.

2. LE RÔLE DU FMI DANS L'EFFONDREMENT

Les premiers chapitres du livre (chapitres 1 à 5) se préoccupent de ce que dit la « théorie monétaire internationale » pour expliquer l'effondrement du taux de change de la monnaie, et d'expliquer le rôle du FMI et d'autres institutions internationales dans cet effondrement.

Le premier chapitre est la seule étude publiée dans la presse libanaise avant l'effondrement, ayant cherché à comprendre ce qui se passe, à mettre en garde contre la crise qui s'annonçait et à proposer les moyens de l'éviter. Il met en exergue le fait le plus important d'avant la crise, qui est la publication par la mission du FMI au Liban de son rapport de février 2018, où elle annonce son refus de continuer à cautionner la poursuite de la stabilisation du taux de change de la livre libanaise.

Ce chapitre reprend ce que nous enseignons à nos étudiants dans les cours de « théorie monétaire internationale », à savoir que les « chocs d'offre » - en l'occurrence la hausse des salaires réels - se traduisent nécessairement par des dévaluations. On compte sur ces dévaluations pour faire baisser le pouvoir d'achat des salaires et pour effacer l'effet des augmentations qui les ont affectées.

Le chapitre 5 ne va cependant pas reconnaître, comme cause directe de la crise, le rôle du choc d'offre qu'a été la majoration des salaires dans le secteur public en 2017. Il va attribuer son éclatement à la fuite des capitaux de 2019, qui assécha les réserves de devises fortes dans les banques. Ce qui les amena à suspendre leur financement des importations en septembre 2019, et à refuser ensuite de restituer les dépôts à leurs propriétaires.

Le chapitre 2 expose le contenu du programme de réforme proposé par le cabinet Hassan Diab. C'est un calque des programmes d'ajustement structurel adoptés par le FMI. Le plus dangereux dans ce programme est qu'il fait assumer aux banques et à leurs dirigeants la responsabilité de la crise et leur enjoint de déclarer faillite, comme cela est dit dans la théorie, et comme le FMI le propose dans tous ses programmes. Ce qui n'aura pas lieu.

Le chapitre 3 rappelle les prises de position du grand chercheur en relations internationales qu'est Christopher Clapham. Ce dernier fait le lien entre l'aggravation de l'endettement externe des pays en voie de développement durant les années 1980, et l'imposition par le FMI de la dévaluation de leurs monnaies comme condition pour leur venir en aide par des prêts. Cela a eu comme effet de

faire baisser le pouvoir d'achat de ces pays, et de limiter de manière catastrophique leur capacité à importer.
Le chapitre 4 analyse le déficit de la balance des paiements. S'il persiste sur une longue période, il aboutit à une dévaluation de la monnaie. Les agences de notation jouent ici un rôle direct, en dégradant la notation des pays concernés quant à leur capacité à rembourser les prêts qu'ils ont contractés, et elles créent une crise de confiance chez les déposants de ces pays, en particulier les déposants étrangers. Elles encouragent par cela la fuite des capitaux ou la sortie des dépôts. Tout cela a eu lieu au Liban.
Les quatre chapitres se sont donc préoccupés de ce que les institutions internationales avec à leur tête le FMI, disent, en matière de chocs d'offre, pour ce qui est de faire assumer au secteur privé la responsabilité de la crise, d'imposer la dévaluation du taux de change des pays endettés pour que le FMI accepte de leur fournir des prêts, et le rôle du déficit persistant de la balance des paiements, pour enclencher un effondrement du taux de change de la monnaie nationale.
Il a fallu attendre le chapitre 5 pour définir la crise financière au Liban comme une « crise jumelle », c'est-à-dire bancaire et d'effondrement du taux de change. Le chapitre explique comment cette crise est celle d'une incapacité à restituer les dépôts et de faillite des banques locales, provoquée non par les prêts irrécupérables que les banques auraient octroyés, mais par les sorties de dépôts, qui assèchent leurs liquidités en dollars.
Il a fallu attendre ce chapitre pour reprendre ce que le premier chapitre, publié avant l'effondrement, avait souligné au sujet du rôle du FMI dans le déclenchement de la crise : la publication du rapport de sa mission au Liban le 11 février 2018, où il est dit que le Liban ne peut plus supporter le maintien de la fixité de son taux de change, et qu'il doit y renoncer. Ce qui aboutit à ce que les déposants agissent en conséquence et sortent leurs dépôts en prévision de l'effondrement attendu. Nous avons ainsi ajouté avec ce chapitre un cinquième rôle au FMI, qui est sa responsabilité dans la crise financière liée aux sorties de dépôts et à la fuite des capitaux, dès le moment où il suspend sa caution au Liban, et qu'il émet des doutes sur sa capacité à maintenir un taux de change fixe.
Joseph Stiglitz fut le premier, dans les années 1990, à accuser le FMI et à lui faire porter la responsabilité du déclenchement de la crise asiatique en 1997, par les prises de position qu'il a adoptées au sujet du devenir des taux de change dans ces pays. Cela avait

donné lieu à une crise de confiance et à la fuite des capitaux notamment étrangers, suivies par l'effondrement du taux de change des monnaies de ces pays.
En résumé, il y a cinq prétextes qui donnent raison au FMI pour réclamer la dévaluation d'une monnaie nationale et la provocation d'une crise financière. Comme l'expose ce livre, ces cinq prétextes sont : les chocs d'offre, l'obligation faite aux banques d'assumer la responsabilité du déclenchement de la crise en déclarant faillite, l'existence de dettes externes qui nécessitent de recourir aux emprunts internationaux pour les rembourser, l'existence d'un déficit de la balance des paiements qui justifie l'intervention des agences de notation pour mettre en doute la capacité des pays concernés à rembourser leurs dettes. Il y a enfin les rapports publiés par le FMI qui engendrent une chute de la confiance dans la monnaie concernée, la fuite des capitaux et l'effondrement du taux de change. Dans le cas du Liban, le rôle du rapport du FMI de 2018 et celui des rapports des agences de notation de 2019 se complètent pour provoquer la fuite des capitaux et engendrer l'effondrement.

3. LE RÔLE DES ACTEURS INTERNES DANS L'APPROFONDISSEMENT DE LA CRISE

Du chapitre 6 jusqu'au chapitre 11, ce livre traite de la façon dont les acteurs internes, c'est-à-dire la Banque Centrale, soutenue par le Conseil des ministres et par le Parlement, font face à la crise. Le gouverneur de la Banque Centrale annonce, le 11 novembre 2019, soit trois mois après le déclenchement de la crise en septembre 2019, son refus qu'il y ait la moindre déclaration de faillite, et il œuvre jusqu'à la fin de son mandat à « renflouer » (*bail out*) les banques. Et cela en procédant à des émissions massives de livres libanaises qui multiplient par 15 le montant en circulation, et en mettant ces liquidités à la disposition des banques pour rembourser les dépôts en dollars des déposants, mais en livres libanaises.
La disponibilité de cette masse énorme de livres aide à accroître le cours du dollar tout au long de la période qui suit. C'est la Banque Centrale qui prend l'initiative de remplacer les dollars par des livres. Le prix de substitution, fixé au mois d'avril 2020, est de 3900 LL/$ (circulaire 151 du 24 avril 2020). Ceci se produit avant la publication par le cabinet Hassan Diab de son programme

gouvernemental où le prix d'échange est fixé à 3500 LL/$, en remplacement du taux fixe antérieur de 1500 LL/$.
Il est possible de résumer la gestion par la Banque Centrale de la crise en quatre points : (1) l'émission de livres pour que les banques s'en servent pour restituer les dépôts en dollars ; (2) l'adoption du taux de change de 1500 LL/$ pour importer les combustibles, blé et médicaments jusqu'au mois de juin 2021, et la suspension de la subvention au prix de ces produits à partir de cette date ; (3) l'achat du dollar dont la Banque Centrale a besoin sur le marché, et la hausse continuelle de son prix de cette façon ; (4) la persévérance à vouloir augmenter le cours du dollar dans l'objectif d'annuler les dettes de la Banque Centrale, celles de l'État et les dépôts en dollars dans les banques.
Les chapitres 7 à 11 montrent l'aggravation de la crise en suivant le mouvement de quatre variables qui sont le taux de change, qui joue le rôle de locomotive pour les autres, le volume de la masse monétaire, dont l'augmentation induit la hausse des prix, ce qui aboutit à l'effondrement du pouvoir d'achat des salaires en livres libanaises, jusqu'aux limites de la famine : $S\nearrow \rightarrow \Delta M\nearrow \rightarrow \Delta P\nearrow \rightarrow W/P\searrow$.

Chacun de ces cinq chapitres comporte un suivi du mouvement du taux de change ou du cours du dollar. Il s'avère en fin de compte que c'est la Banque Centrale qui pousse à la hausse le cours du dollar pendant toute la période de crise. Ce fait est mis parfaitement à nu durant les premiers mois de 2023, où ses achats de dollars poussent son cours à la hausse. Et cela jusqu'à atteindre le niveau qui a permis d'annuler ou presque, les dettes de la Banque Centrale, ceux de l'État et ceux des banques, comme cela est dit auparavant.
L'augmentation du volume de la masse monétaire en livres libanaises crée les conditions permissives de la hausse des prix et le déclenchement d'une hyperinflation. Les prix de la nourriture augmentent de 29 fois entre 2019 et le printemps 2022. L'augmentation de l'indice des prix à la consommation aura été de 44 fois entre juillet 2019 et juillet 2023. Alors que les salaires n'ont augmenté entre ces deux dates que de 6 fois, surtout dans le secteur public où les salaires perdent 95 % de leur pouvoir d'achat.
Ces chapitres relatent comment les gens font la queue pendant des mois après la suspension par le gouverneur de la Banque Centrale des livraisons de combustibles aux consommateurs au taux de

change fixe antérieur, et le refus du Parlement d'autoriser l'utilisation des réserves en dollar de la Banque Centrale aussi bien que des réserves du Liban en or pour maintenir la subvention des prix des combustibles. Ils décrivent la renonciation des fonctionnaires à aller à leurs bureaux parce que leurs traitements ne couvrent plus le coût du déplacement pour se rendre au travail. Ils font état de la fermeture des établissements publics et privés, et des tentatives des gens de fuir l'enfer qu'est devenu leur pays en émigrant.

Ils n'omettent pas de souligner comment les corps constitutionnels avec, à leur tête, le Conseil des ministres, font face à la crise et comment ils y assistent en simples spectateurs. C'est ce que montre la politique budgétaire de l'État, telle qu'illustrée par les budgets gouvernementaux qui montrent l'incapacité à faire face à une situation extraordinaire avec un minimum de sérieux et de sens de la responsabilité.

4. SORTIR DE LA CRISE EN FIXANT LE TAUX DE CHANGE ET LES CONDITIONS POUR Y ARRIVER

Les chapitres 9, 10 et 11 portent sur la manière de faire face à la crise et les moyens d'en sortir. La première condition à cela est de sortir du flottement pur de la monnaie et d'adopter une démarche de retour à la fixité du taux de change de la livre libanaise. Il ne suffit pas d'adopter cet objectif comme slogan, mais il faut lui assurer les conditions de son succès. Les travaux d'Ilene Grabel et de Ha-Joon Chang sont utilisés pour rappeler l'expérience des « Trente glorieuses » dans le domaine de la fixation du taux de change et pour conférer une légitimité à ce choix.

Il est possible de maintenir un taux de change fixe en rationnant les importations, pour les ramener au même ordre de grandeur que les flux financiers extérieurs que représentent les transferts des émigrés libanais. Autrement dit, la condition de la fixité du taux de change est la mise en place d'un contrôle de change consistant à fixer des priorités pour les importations et à ne pas laisser une liberté d'importation totale comme maintenant. Il avait été stupéfiant de voir le montant des importations s'élever à 19 milliards de dollars en 2022, soit le même montant qu'avant la crise. Cela alors que le PNB avait chuté de 54 milliards de dollars à 20 milliards entre ces deux dates, et alors que plus de 80 % des Libanais sont passés en deçà du « seuil de pauvreté ».

Mais la condition principale pour réussir la stabilisation du taux de change est l'adoption d'un budget public d'investissement, de nature à refaire du Liban une économie de production, capable de fournir des emplois à ses citoyens. Les dépenses de ce budget doivent se répartir sur deux volets : le développement des infrastructures attardées et désuètes, et la subvention à la production de biens technologiques destinés à l'exportation. Œuvrer pour construire une économie de production est le seul moyen pour sortir de la crise et pour préserver l'existence du Liban.

Tout cela réclame de créer des institutions publiques nouvelles et de réformer l'administration publique pour qu'elle puisse assumer ces tâches. Cette réforme ne peut avoir lieu tant que la société civile n'en a pas saisi l'importance, et tant que des partis politiques nouveaux n'ont pas poussé en sa faveur jusqu'à l'imposer.

Survol des chapitres du livre

Le premier chapitre a été publié en octobre 2018, soit un an avant que la crise ne prenne un caractère notoire par le refus des banques de continuer à financer les importations en septembre 2019 et la « ruée » des déposants pour retirer leurs dépôts en octobre 2019. Il met le doigt sur le fait le plus important d'avant la crise, soit la publication par la mission du FMI de son rapport de février 2018, en y annonçant la fin de sa caution du maintien de la fixité du taux de change de la livre libanaise. Ce texte cherche à expliquer ce qui détermine les décisions du FMI en matière de dévaluation du taux de change, en revenant aux modèles macroéconomiques néo-classiques à ce niveau. Ce que nous faisons dans notre Faculté, avec les cours de « théorie monétaire internationale » de Claude Vedel. Il est question ensuite de relever ce que le FMI recommande comme mesures urgentes pour éviter la crise, et le débat engagé pour parer à une telle éventualité.

Le deuxième chapitre a été écrit après la publication par le cabinet Hassan Diab du programme gouvernemental pour faire face à la crise, huit mois après le déclenchement de cette dernière. Il fait une présentation exhaustive de ce programme, en montrant qu'il s'agit d'un calque des programmes du FMI d'ajustement structurel. Cela en ayant d'abord placé l'action du FMI dans le débat historique contemporain sur le développement, et en s'étant appuyé en cela sur l'apport de Henry Bruton, Alexandre Kentikelenis et Ilene Grabel.

Le cheminement vers la crise est relevé en s'appuyant sur l'évolution des composantes de la balance des paiements, les retraits de dépôts en 2019, et l'apport de Gabriel Palma sur les trois routes vers la crise financière. Le rôle de l'augmentation du taux de change effectif réel comme frein à l'investissement est souligné dans ce cheminement.

L'élément le plus saillant de ce programme, qui est la volonté de faire assumer par les banques la responsabilité de leur gestion du secteur est souligné, en rappelant la définition du déficit de la balance courante qui est celle du FMI comme illustrée par Krugman et Obstfeld.

Un dernier élément de ce programme mis en avant est l'absence en son sein de toute allusion à la réforme de l'administration et à la politique industrielle à mettre en œuvre, et qui l'empêche d'être un élément de rétablissement de la croissance.

Le chapitre 3 cherche à savoir comment la discipline des « relations internationales » explique les crises financières. Cela à travers les écrits de Christopher Clapham en particulier. La capacité d'un pays à préserver son taux de change serait une mesure de sa souveraineté, et détermine sa capacité à importer. Il y a perte de cette souveraineté dans les pays en développement à partir des années 1980, liée à l'aggravation de leur endettement externe, et à l'intrusion du FMI dans la définition de leurs politiques économiques. La dévaluation du taux de change de leurs monnaies figure comme pièce maîtresse des programmes d'ajustement structurel qui leur ont été imposés.

Le chapitre 4 cherche à savoir comment la littérature internationale a établi le lien entre déficit de la balance des paiements et effondrement du taux de change. Cela à partir de l'apport de Sebastian Edwards à ce niveau. Ce débat, engagé dans les années 1980, donne lieu à la création d'« agences de notation » qui jugent la situation des différents pays, en mesurant la soutenabilité de leur dette externe. Le chapitre présente ensuite le Liban comme un pays à forte dépendance vis-à-vis des flux financiers extérieurs. Il le qualifie *d'économie semi-rentière* au sens donné par Abdel Kader Sid Ahmed à ce terme. Il montre la persistance du déficit de sa balance des paiements sur plusieurs années. Il rappelle enfin comment les positions des différentes « agences de notation » ont convergé entre le début de l'année 2019 et le mois d'août de cette année-là, pour dégrader la notation du Liban en s'appuyant sur le seul critère de défaut de paiement.

Le chapitre 5 propose une explication de la crise au Liban comme étant une « crise jumelle », c'est-à-dire une crise bancaire ou de faillite des banques d'abord, et une crise de change ensuite, avec modification de la causalité entre les deux, aux différentes étapes de la crise. La crise des banques est expliquée comme étant liée à leurs dépôts plutôt qu'aux crédits qu'elles ont accordés. La période qui suit l'annonce par le FMI de son opposition au maintien de la fixité du taux de change de la livre libanaise en février 2018, assiste à l'arrêt des entrées de dépôts et à un mouvement soutenu de sorties de dépôts. La notion d'« anticipations auto-réalisantes », telle que définie par Maurice Obstfeld, traduit cela.

Ces sorties prennent une allure catastrophique en 2019, et sont encouragées par la dégradation des différentes « agences de notation » du classement du Liban. La « crise jumelle » a été définie en revenant aux textes sur les trois générations de crises,

publiés par messieurs les professeurs Luis Miotti et Dominique Plihon, Mario Dehove et André Cartapanis. Le texte de Kaminski et Reinhart sur les crises jumelles a lui aussi été mis à contribution.
Le chapitre 6 présente la deuxième étape de la crise, c'est-à-dire la transformation de la crise bancaire en crise de change. Cela est lié à la décision de la Banque Centrale de renflouer (*bail out*) les banques. Cette décision donne lieu à des émissions massives de liquidités en LL pour permettre aux banques de répondre aux demandes des clients voulant récupérer leurs dépôts, mais en LL à la place des dollars. La Banque Centrale a trouvé dans le renflouement européen des banques après 2008 une justification à ce qu'elle entreprend. Des textes de sciences politiques ont été utilisés pour qualifier l'attitude des autorités européennes à l'égard des banques.
Les chapitres 7, 8, 9, 10 et 11, illustrent le coût terrible de la crise assumé par la population. Les variables de taux de change, de hausse des prix, de perte du pouvoir d'achat des salaires et de politique budgétaire adoptée par le gouvernement sont utilisées pour décrire le déroulement de la crise.
Le chapitre 7 illustre l'effondrement additionnel grave du pouvoir d'achat des Libanais à partir de juin 2021. La priorité accordée au renflouement des banques justifie pour la Banque Centrale d'augmenter la liquidité en LL mise à la disposition du public, et fournit les conditions permissives de la création d'une hyperinflation. Cette dernière est provoquée par la dépréciation du taux de change, laissé à la merci des opérateurs du marché, et l'alignement des prix intérieurs sur les hausses du cours du dollar.
L'offre par la Banque Centrale de dollars au prix fixe de 1500 LL/$ pour financer les importations de combustibles, de médicaments et de blé au prix fixe de 1500 LL/$ cesse en juin 2021. Le Liban vit, après cette date, une descente accélérée aux enfers. Elle s'exprime à travers la hausse sans arrêt du cours du dollar, et le renchérissement des prix des combustibles et des autres biens.
Le chapitre 8 montre comment le cabinet Mikati s'est comporté face à la crise. Il relate les faits de l'automne 2021 au printemps 2022. Il y est question de la poursuite de l'effondrement du taux de change, du renchérissement supplémentaire des prix de la nourriture et des combustibles et de l'action gouvernementale engagée. Entre 2019 et fin mars 2022, les prix de la nourriture auraient augmenté de 29 fois. Les résidents payent 15 fois plus

cher le prix de l'électricité, 16 fois plus cher le prix de l'essence, et 22 fois plus cher le prix du mazout en comparaison avec 2019. L'action gouvernementale est incapable d'apporter la moindre amélioration à la qualité de vie très détériorée de la population. Un autre aspect de cette action est l'engagement de pourparlers avec le FMI pour aboutir à un accord avec lui.

Le chapitre 9 montre la façon dont l'élite dans son ensemble s'est comportée face à la crise, et propose une démarche alternative pour y faire face et y mettre fin. Il présente un programme alternatif qui tient en trois points : stabiliser le taux de change, créer un « organisme de contrôle des changes » et mettre en œuvre un programme d'investissement public. Les références ici sont l'apport d'Ilene Grabel et Ha-Joon Chang sur le retour au taux de change fixe, et l'apport des post-keynésiens dans l'explication de Keynes et l'adoption d'un budget public d'investissement. Autrement dit, pour faire face à la crise financière, il faut adopter des idées nouvelles consistant à créer une administration publique interventionniste, et mettre en place des institutions gouvernementales nouvelles.

Le chapitre 10 propose une récapitulation des faits avancés dans les chapitres 7, 8 et 9, lorsque la Banque Centrale entreprend le *bail out* ou le renflouement des banques. Il y est question de montrer le coût de la crise pour la population, l'impotence de la classe politique face à elle, et les éléments du programme alternatif pour y échapper.

Le dernier chapitre (11) reconstitue les faits après les élections parlementaires de mai 2022. Il montre comment la suppression des pertes du système bancaire – banques commerciales et Banque Centrale –, tout en faisant de sorte que les banques n'aient pas à faire faillite, sont ce qui dicte la hausse continue du cours du dollar sur le marché de Beyrouth, la Banque Centrale jouant le premier rôle dans la poursuite de cet objectif. Il rappelle l'alternative à cela, qui est de sortir du flottement pur de la monnaie, de revenir à la fixité du taux de change, et d'instituer le contrôle de change pour y arriver.

Chapitre 1- Les débats ayant précédé l'effondrement du taux de change de la livre libanaise [1]

Nous présentons d'abord les données proposées par les études et par la presse comme cause rendant la crise inéluctable. Nous présentons ensuite ce que dit la théorie monétaire internationale, ou approche néo-classique des relations monétaires internationales qui justifie la dévaluation du taux de change. C'est elle qui est adoptée par les institutions monétaires internationales, et par le Fonds Monétaire International en premier. Nous illustrons ensuite les liens tissés par les institutions internationales avec les responsables des pays en voie de développement, rendant les experts de ces institutions capables de convaincre ces responsables d'accepter la dévaluation sans s'y opposer. Nous présenterons enfin les raisons qui obligent les Libanais à s'accrocher à la fixité du taux de change de leur monnaie.

1. LES DONNÉES AVANCÉES PAR LES ÉTUDES ET LA PRESSE

Des rapports sur le Liban, établis par les institutions internationales, se sont succédé. Trois rapports sont publiés par le FMI entre l'automne 2017 et le début de 2018, en plus des rapports trimestriels de la Banque Mondiale sur le Liban. Les observateurs ont été surpris par l'intérêt excessif accordé par ces institutions au Liban. Serait-ce pour lui préparer un plat amer ?

Nous pouvons constater la position du FMI au sujet de la situation au Liban à travers deux textes brefs parus en 2018. Le premier est préparé par la commission d'experts qui s'est rendue au Liban entre le 1er et le 12 février 2018. [2] Ses principales recommandations sont au nombre de trois : 1) préparer un plan d'urgence pour contrôler le déficit du budget public afin de stabiliser la dette publique comme pourcentage du PNB et mettre ce déficit sur une pente descendante. Elle estime la dette publique comme étant de 150 % du PNB, et le déficit de la balance courante comme étant de 20 % du PNB ; 2) insister pour que les banques adoptent les décisions de Bâle-III, qui renforcent leur capacité à faire face aux risques des crédits non remboursables ;

---

[1] Publié une première fois sous le titre : Albert Dagher, « Comment protéger le peuple d'un éventuel effondrement du taux de change », *Al-Akhbar*, 29/ 10/ 2018.

[2] FMI, « Liban : Déclaration finale du personnel de la mission au titre de l'article IV de 2018 », 12 février 2018, 11 pages.

3) réformer le secteur de l'électricité en augmentant en particulier le tarif dans ce secteur.
La commission voit que le problème réside dans le recul du volume des entrées de dépôts. Ce qui nécessite d'y faire face par « la baisse des besoins de financement pour l'économie », soit la réduction des dépenses publiques et du volume des importations.[3]
Le rapport mentionne la question du taux de change en disant, pour la première fois depuis 1993, qu'il y a « une forte exagération dans l'évaluation du taux de change effectif réel ». Soit qu'il faut réduire le taux de change nominal, ou augmenter le prix du dollar en livres libanaises.[4]
Le Conseil d'administration du FMI reprend dans sa déclaration de juin ces recommandations, en insistant sur la nécessité d'augmenter la TVA, d'augmenter le tarif de l'électricité, et de freiner la hausse des traitements dans le secteur public.[5] \

2. LE RÉGIME DE CHANGE AU LIBAN

Il s'agit d'un système de quasi-flottement depuis 1948. C'est l'année de la fin de l'union monétaire avec la Syrie, et de la création d'une monnaie libanaise indépendante. Un taux de change officiel est fixé alors pour cette monnaie, soit l'équivalent de chaque livre libanaise en or et en dollar, en application des principes de Bretton Woods.
Ce taux officiel ne sera utilisé par la suite que pour établir la valeur des transactions de l'État, alors qu'un autre prix, plus dévalué, avait cours pour les transactions au quotidien sur le marché des changes. Lorsque la Banque Centrale est créée en 1964, le Code de la Monnaie et du Crédit fixe un « taux officiel transitoire » pour dix ans. Il est établi de façon à s'aligner sur le prix du marché. De manière générale, la tendance du taux de change était, jusqu'à 1982, plus vers l'appréciation que vers la dépréciation. Ce que les zélateurs vont appeler la « monnaie forte ». Cela à cause de l'existence d'une offre de dollar et de monnaies fortes supérieure à la demande sur le marché local, se

---

[3] FMI, « Liban : Déclaration finale… », p. 3.
[4] FMI, « Liban : Déclaration finale… », p. 4.
[5] FMI, « Le conseil d'administration du FMI achève les consultations au titre de l'article IV avec le Liban », 22 juin 2018, 8 pages.

traduisant par un excédent permanent de la balance des paiements.[6]
Ce qui motive une demande de dollar plus faible que l'offre, était l'engagement des gouvernements successifs à s'abstenir de toute dépense de développement, et d'éviter tout déficit dans les budgets annuels de l'État. L'expérience du Liban d'avant 1975 exprime en effet une domination du secteur bancaire, lequel avait besoin de la fixité du taux de change pour pouvoir attirer les épargnes et les capitaux de l'extérieur. Elle traduit aussi l'engagement de l'État à réaliser cet objectif.
L'État abandonne par conséquent ses responsabilités en termes de développement, provoquant le départ des habitants des campagnes et leur émigration aux quatre coins du monde.
L'expérience libanaise épouse dès 1993 les caractéristiques de celle d'avant 1975, en termes de primauté du secteur bancaire et de primauté de la fixité du taux de change, pour préserver les intérêts de ce secteur. Et comme le taux de change ne change plus, de 1995 jusqu'à 2018, nous pouvons le qualifier comme étant un taux « flottant et rampant ».

3. LES MODÈLES MACROÉCONOMIQUES NÉO-CLASSIQUES QUI JUSTIFIENT LA DÉVALUATION

Nous nous servons du modèle de Mundell-Fleming dans sa version des années 1970, du modèle d'offre et de demande globales, et du modèle monétaire, pour présenter les caractéristiques du système de taux de change « flottant et rampant », et présenter la position des institutions internationales sur le rôle de la dévaluation du taux de change.
Le premier nous sert à définir la balance des paiements et à montrer comment la Banque Centrale maintient la fixité du taux de change. Il donne une définition de la balance des paiements comme étant la somme des transactions de la balance courante et de la balance des mouvements de capitaux. L'offre et la demande de devises seraient le résultat des exportations et des importations de marchandises et de services, mais aussi le résultat des mouvements d'entrées et de sorties de capitaux. Ces mouvements peuvent être influencés par la manipulation du taux d'intérêt. L'augmentation du taux d'intérêt domestique (i), en comparaison

[6] Dagher Albert, « La politique de taux de change : l'expérience libanaise et le rôle que cette politique devra jouer », in revue *Défense Nationale Libanaise*, n. 42, octobre, 2002, pp. 5-51.

avec le taux d'intérêt international (i_f) entraîne des entrées de capitaux, et l'obtention d'un solde positif de la balance des mouvements de capitaux. Cet excédent peut couvrir le déficit de la balance courante. Si les taux d'intérêt dans le reste du monde augmentent, ils provoquent des sorties de capitaux et contribuent au creusement du déficit de la balance des paiements.[7]

La Banque Centrale doit, dans ce modèle, acheter des devises fortes, de façon à disposer d'une « masse de manœuvre » importante de façon permanente. Cette dernière permet de satisfaire la demande de devises de façon à ne pas affecter la fixité du taux de change. Le système de taux de change « flottant et rampant » serait dans ce cas dit « contrôlé » (*managed*).

Le deuxième modèle nous sert à deux choses lui aussi. La première est d'affirmer que le système de taux de change flexible est mieux que le fixe, traduisant en cela ce sur quoi s'accordent les trois modèles néo-classiques. La flexibilité signifie ici de laisser le taux de change se déprécier en cas de récession économique et de chômage avec déficit de la balance des paiements. La dépréciation du taux de change améliore la compétitivité des produits nationaux destinés à l'exportation. Elle augmente les exportations et permet de sortir de la récession.[8]

4. FAIRE FACE AUX « CHOCS D'OFFRE »

La deuxième chose qui rend le modèle d'offre et de demande globales utile pour nous, est qu'il propose, soit la dévaluation, soit la politique monétaire expansionniste comme deux solutions pour faire face aux « chocs d'offre ». Il y a « choc d'offre » chaque fois que les salaires augmentent et provoquent l'augmentation des coûts de production et la baisse de la capacité d'investissement des entreprises. La dévaluation permet d'améliorer la compétitivité des produits nationaux sur les marchés externes. Une augmentation de la masse monétaire de nature à hausser les prix provoque un recul du pouvoir d'achat réel des salaires, et les ramène à leur niveau d'avant le « choc d'offre ».[9]

Les modèles monétaires sont utilisés par les institutions internationales depuis les années 1970 comme « prescription » valable pour tous les pays du monde et ne diffèrent pas des deux

---

[7] Vedel Claude, *Théorie Monétaire Internationale*, Economica, Paris, 2ème édition, 1999, p. 17.

[8] Vedel Claude, *Théorie Monétaire...*, p. 43.

[9] Vedel Claude, *Théorie Monétaire...*, p. 46.

modèles qui viennent d'être présentés. Ils s'en distinguent par leur insistance à éviter les « chocs d'offre ». Il s'agit d'éviter toute augmentation des salaires de nature à augmenter les coûts de production. [10] Les modèles néo-classiques ne voient dans les salaires qu'un facteur de coût, dont l'augmentation réduit la capacité d'investissement privé. Ils mettent en garde contre le laxisme à les contrôler, surtout dans un régime de change fixe, c'est-à-dire flottant et rampant sous contrôle.[11]
Or, s'il y a augmentation des effectifs des employés du secteur public, ou si les traitements de ces derniers sont relevés, il s'ensuit une augmentation des dépenses publiques et un creusement du déficit budgétaire. Il n'y aurait alors pour contrôler ces dépenses et pour limiter leur coût selon la théorie néo-classique que la dévaluation du taux de change. Cette dernière réduit le coût des salaires et des traitements. Tous les modèles néo-classiques nous disent qu'on peut faire face à un « choc d'offre » représenté par une hausse du salaire réel de 30 % par exemple, en dévaluant la monnaie dans la même proportion.

5. FAIRE FACE AU DÉFICIT DE LA BALANCE COURANTE

La dévaluation de la monnaie nationale permet surtout de limiter la capacité à importer. Elle augmente les prix des importations en monnaie domestique, rend l'activité d'importation plus difficile, et limite la possibilité d'y recourir. Elle crée une récession sur laquelle on table pour réduire le déficit de la balance courante au sein de la balance des paiements. Cette démarche pour contrôler le déficit de la balance courante s'appelle « ajustement structurel par le taux de change ».[12] La dévaluation est proposée aux pays en voie de développement comme étant le moyen idéal pour améliorer leur capacité à exporter, alors qu'il s'agit de pays qui n'ont rien à exporter, et qui ne pourraient pas développer cette capacité dans un temps court ou dans un temps long. La dévaluation parvient, dans ces cas-là, à réduire le déficit de la balance courante, non pas en développant la capacité à exporter, mais en limitant la capacité à importer. C'est cette pratique

---

[10] Vedel Claude, *Théorie Monétaire* ..., pp. 87 et 124.
[11] Vedel Claude, *Théorie Monétaire* ..., p. 87.
[12] Jacquemot Pierre, « Rôle du taux de change dans l'ajustement d'une économie à faible revenu : une revue de la littérature récente », *Revue Tiers Monde*, n° 118, avril-juin, 1989.

barbare qui a été adoptée par les institutions internationales depuis les années 1980 pour faire face au déficit de la balance des paiements. Elle continue d'être la règle jusqu'à ce jour.

6. LA CAPACITÉ À CONVAINCRE DES INSTITUTIONS INTERNATIONALES

Pour Abrahamsen, les institutions internationales ont abandonné, après les années 1990, la manière d'imposer leurs programmes aux pays en voie de développement comme au temps des « politiques d'ajustement structurel » des années 1980 et 1990. Elles adoptent une autre approche, qui consiste à convaincre les responsables de ces pays qu'ils ont intérêt à coopérer. Elles s'appliquent à leur expliquer ce qu'elles veulent d'eux pour les amener à se ranger du côté qui est le leur, et à adopter leurs positions.[13]

La Banque Mondiale a pris position contre le projet de relèvement des salaires et traitements des employés du secteur public au Liban en 2013.[14] En 2016, le bureau régional de la Banque Mondiale à Beyrouth établit un plan de travail pour le président de la République, à mettre en exécution durant les cent premiers jours de son mandat.[15] Le plan insiste sur le besoin d'adopter un budget pour 2017 faisant apparaître un excédent primaire, d'augmenter la production d'énergie électrique avec relèvement du prix de l'électricité, de lancer des projets de transport public et d'élargir les programmes d'aide aux pauvres. Une enquête journalistique a montré que la présidence du Conseil des ministres s'appuyait en 2017, pour les projets qu'elle propose, sur une équipe de gens affiliés au « programme des Nations Unies pour le développement ».[16]

Ce sont cependant les missions du FMI qui ont eu le dernier mot pour juger la situation économique du Liban. Elles ont gardé, tout au long des années postérieures à 1992, une position favorable au

---

[13] Abrahamsen Rita, "The power of partnership in global governance", *Third World Quarterly*, 25 (8), 2004, pp. 1453–1467.

[14] World Bank, *Economic and Labor Force Impact of the Proposed Change in the Wage Structure of the Public Sector*, Report no. 79324-LB, June 2013, 35 pages.

[15] Banque Mondiale, « Dix recommandations de la Banque Mondiale », *Al-Akhbar*, 28/ 4/ 2017.

[16] Wehbé Mohammad, « Le PNUD à la présidence du Conseil », *Al-Akhbar*, 22 / 8/ 2017.

maintien de la fixité du taux de change.[17] Leur position change en février 2018. Les deux déclarations du FMI de février et de juin 2018 disent que, même si le déficit du budget public a été contrôlé par la baisse des dépenses et l'augmentation des recettes, à travers l'augmentation de la TVA, l'imposition d'un tarif sur l'essence et l'augmentation du tarif de l'électricité, le problème du déficit de la balance des paiements restera sans solution. Cela justifie l'insistance de ces experts à proposer la dévaluation du taux de change de la livre libanaise.[18]

7. IL FAUT DÉFENDRE LA FIXITÉ DU TAUX DE CHANGE DE LA LIVRE LIBANAISE ET PRÉVENIR L'EFFONDREMENT

Une opinion publique doit se constituer pour s'opposer à la dévaluation du taux de change de la livre libanaise. Cette dévaluation n'a pour but, si elle a lieu, que de réduire le pouvoir d'achat des salaires et d'appauvrir leurs détenteurs, sans entraîner des conséquences positives d'aucune sorte. Conforter la capacité du Liban à produire et à exporter réclame bien plus que le simple fait de dévaluer la monnaie nationale. S'opposer à la dévaluation rejoint la position exprimée par le gouverneur de la Banque du Liban. [19] Il faut réfléchir à tous les moyens possibles qui permettent d'éviter cette dévaluation et en débattre.

7.1 Le scénario catastrophe

Dans l'expérience de la dévaluation de 1984, l'augmentation du déficit budgétaire et l'accumulation de dettes par l'État et la conviction des créanciers de ce dernier, c'est-à-dire les banques, qu'il ne sera pas en mesure de rembourser ses dettes, amènent ces créanciers à entamer une fuite vis-à-vis de la monnaie libanaise. Dans l'expérience de 1992, ceux qui s'opposaient aux mesures gouvernementales d'alors ont orchestré une demande de dollar que la Banque Centrale n'était pas en mesure de satisfaire.[20] Dans les deux cas, la Banque Centrale s'efface et confie la

---

[17] International Monetary Fund, *Lebanon: Financial System Stability Assessment, Country Report*, No. 17/21, January 2017, 70 pages, p. 9.
[18] FMI, « Liban : Déclaration finale... », p. 6.
[19] Zbib Mohammad, « Entre le marteau du FMI et l'enclume de la Banque du Liban », *Al-Akhbar*, 23/ 7/ 2018.
[20] Dagher Albert, « La politique de taux de change... », 2002.

détermination du taux de change aux forces du marché. Elle s'est soustraite dans ces deux cas à ses responsabilités, et a regardé passivement l'effondrement du taux de change de la livre libanaise.
Et comme nous disposons à présent d'une expérience nationale sur la façon d'orchestrer une dévaluation de la monnaie, nous pouvons imaginer le scénario suivant : les Libanais se lèvent un matin pour constater que les bureaux des changeurs refusent de vendre le dollar au prix en cours et réclament plus. La journée s'achève avec un cours du dollar plus élevé avec l'insistance des acheteurs à acquérir des dollars et l'insistance des vendeurs à hausser leur prix. La Banque Centrale s'abstient d'intervenir tout au long de la journée, soit pour imposer l'usage du prix fixé ou pour fournir plus de dollars. Elle reste à l'arrière de la scène. Les banques commerciales restent, elles aussi, à l'arrière de la scène, en s'abstenant de vendre ou d'acheter des dollars, et en laissant les bureaux de changeurs fixer le prix. C'est ce scénario qui eut lieu en 1992, lorsque le cours du dollar augmenta de 879 LL/$ en février, jusqu'à 2825 LL/$ à la fin de septembre de la même année. Il faut par conséquent :

7.2 Limiter la demande de dollars

Et cela afin de réduire le déficit de la balance courante et celui de la balance des paiements tout entière. C'est ce que le gouverneur de la Banque Centrale cherche à faire. Il refusa, le 25 septembre, lors de la rencontre mensuelle avec les représentants du secteur bancaire, d'accéder à leur demande de soustraire les crédits immobiliers au plafonnement du crédit imposé par lui. Son argument était que l'injection de liquidités supplémentaires se traduirait en demande additionnelle de dollars. Il dit aux banques que, si elles veulent octroyer davantage de crédits, il faut qu'elles puissent attirer davantage de dépôts en livres libanaises.[21] Les déposants se sont, de leur côté, plaints du fait que les banques ont refusé de convertir en dollars leurs dépôts en livres libanaises et qu'elles n'ont autorisé les sorties de dépôts qu'en monnaie nationale.[22]

---

[21] Wehbé Mohammad, « Le gouverneur reconnaît que « la période est difficile » : il faut éloigner la « bulle financière », *Al-Akhbar*, 27/ 9/ 2018.
[22] Wehbé Mohammad, « Des indicateurs financiers sources d'inquiétude : une guerre de taux d'intérêt entre les banques », *Al-Akhbar*, 18/ 9/ 2018.

7.3 Limiter le déficit du budget

Les experts des institutions internationales et des « agences de notation » mettent le déficit du budget à la tête des variables utilisées pour se prononcer sur la situation des différents pays. Les Libanais ont à présent à choisir entre deux options, la première étant le scénario catastrophique décrit plus haut, ou de payer des impôts et taxes supplémentaires soustrayant des parts plus élevées de leurs revenus, afin de réduire le déficit du budget et de créer un excédent budgétaire. Cela afin que les milieux d'affaires et les bailleurs de fonds reprennent confiance dans l'État et cessent de fuir devant la monnaie nationale. Que la taxe sur la valeur ajoutée augmente de 12 % à 15 %, avec augmentation du prix du kilowatt d'électricité, est une meilleure option que de s'obstiner et de provoquer un effondrement du taux de change.

7.4 Rééchelonner le paiement de la dette publique

L'État s'est employé, depuis les années 1990, à remplacer les bons du Trésor de courte échéance par des effets à échéances plus longues. Ce à quoi il faut s'appliquer davantage.

7.5 Faire face au FMI sur la question du taux de change

Ce que dit le FMI ne forme plus à présent des propos incontestés. La crise asiatique de la fin des années 1990 a terni l'image des institutions internationales dans l'ensemble des pays en développement. Ces institutions ont fait pression sur ces pays pour réduire ou éliminer les obstacles sur les entrées et les sorties de capitaux. Quand ces pays ont acquiescé, il s'en est suivi des crises financières douloureuses qui ont touché la plupart d'entre eux, à cause de la fuite des déposants étrangers.

De nombreux pays en développement ont cherché à sortir de la tutelle des institutions de Bretton Woods de différentes façons. Les pays d'Asie ont créé un Fonds Monétaire Asiatique, qui joue le rôle de prêteur de dernier ressort et qui soustrait ces pays aux dictats du FMI.[23] Ces évolutions ont fait que le FMI se voit obligé

---

[23] Grabel Ilene, "The rebranding of capital controls in an era of productive incoherence", *Review of International Political Economy*, 2014, 37 pages.

de composer avec une réalité internationale où les pays en développement font face aux problèmes causés par les mouvements de capitaux sans revenir à lui.

Ilene Grabel a rappelé comment le FMI accepte à présent ce qu'il n'était pas en mesure d'accepter auparavant, soit l'idée du contrôle sur les mouvements de capitaux. Les interventions gouvernementales non acceptées par les marchés financiers se sont transformées en « réglementations financières prudentielles ».[24] Grabel a attribué cela au changement dans la façon de penser de ceux qui y travaillent, et aux interventions réussies de nombreux pays en développement face aux crises financières, et le gain de crédibilité qui s'en est suivi pour eux. Des pays en développement s'emploient à « filtrer » les capitaux qui y entrent et mettent des obstacles sur les sorties de capitaux sans provoquer de réactions négatives chez leurs détenteurs.[25] Le FMI a approuvé des mesures de ce genre à maintes reprises au cours des années dernières.[26]

La Banque du Liban dispose de points forts dans cette confrontation. Les réserves importantes en dollars qu'elle détient n'en sont pas les moindres. Elle peut exploiter ces points forts comme d'autres pays l'ont fait. Ce qu'il faut en termes de mouvements de capitaux est de les ralentir et de les « filtrer ».[27] C'est ce que pourrait faire une institution publique ou mixte qu'il faudra créer. Le plus important à l'heure actuelle est d'assurer le soutien à la position du gouverneur de la Banque Centrale de maintien de la fixité du taux de change de la livre libanaise.

7.6 Ouvrir une enquête judiciaire sur ce qui s'est produit en septembre 2017

Une étude faite par le chercheur Toufic Gaspard, mettant en cause la pratique de la Banque Centrale, a été publiée en septembre 2017 et a donné lieu à des mises au point.[28] Il avait été prévu d'en faire une présentation à l'hôtel *Le Gabriel* en présence d'un grand

---

[24] Grabel Ilene, "The rebranding of capital controls…", p. 20.
[25] Grabel Ilene, "The rebranding of capital controls…", p. 14.
[26] Grabel Ilene, "The rebranding of capital controls…", p. 13.
[27] Grabel Ilene, "International Private Capital flows and Developing Countries », in H-J Chang (ed.), Rethinking Development Economics, London: Anthem press, 2003, pp. 325-345; voir également Dagher Albert, « L'éventualité d'une crise financière au Liban et les moyens d'y faire face », *Al-Akhbar*, 22/3/2010.
[28] Gaspard Toufic, « La crise financière au Liban », *Al-Akhbar*, 4 et 5/ 9/ 2017.

nombre de financiers importants. Comme le gouverneur est au champ de bataille depuis des années, il formule des accusations sur l'existence « d'une action fomentée par des services de renseignements étrangers contre la Banque Centrale ». Et cela dans sa réunion mensuelle avec l'Association des banques, quelques jours après la parution de l'étude. Cela est attesté par l'action fébrile de plusieurs acteurs pour disséminer l'étude parmi les grands bailleurs de fonds et susciter parmi eux une panique de nature à provoquer de leur part une fuite devant la monnaie nationale.[29] Cela est conforme au scénario qui s'est répété à maintes reprises dans des pays en développement. Le journaliste Thomas Friedman n'a-t-il pas dit, lors d'une rencontre avec des officiels de la Ligue Arabe, que les États-Unis peuvent, par suite de la libéralisation des mouvements de capitaux au cours des années 1980 et 1990, provoquer une crise financière n'importe où dans le monde ?

Nous nous sommes attendus à ce que les responsables réagissent après la déclaration du gouverneur, laquelle n'a pas figuré dans le compte rendu de la rencontre avec l'Association des banques. Le compte rendu a mentionné le regret des participants « qu'on ait cherché à exploiter un papier de recherche pour créer une confusion sur le marché ». Nous nous sommes attendus à ce qu'il y ait enquête pour identifier ceux ayant propagé les rumeurs à caractère contagieux pour provoquer la fuite des déposants et la dépréciation du taux de change de la monnaie nationale. Une enquête est à faire sur ce qui s'est passé alors.

7.7 Descendre dans la rue

Les Libanais doivent se préparer à descendre dans la rue si le scénario catastrophique vient à prendre place. Il faut qu'ils défendent, par des manifestations, le taux de change fixé de leur monnaie nationale.

----

[29] « Salamé : des "fantômes" tentent de porter atteinte à la stabilité financière », *Al-Akhbar*, 18/ 9/ 2017.

Chapitre 2- Le programme de réforme du cabinet Hassan Diab[30]

Le gouvernement libanais a publié, le 30 avril 2020, un programme économique pour faire face à la crise financière qui frappe de plein fouet la société libanaise. Elle prend la forme d'un effondrement grave du taux de change et annonce des faillites bancaires. Elle s'est soldée par une chute énorme du pouvoir d'achat des salaires et de la valeur des dépôts dans les banques. La situation s'est aggravée avec la cessation d'activité liée à la pandémie.
Le programme est un exercice conforme à ce que le FMI exige pour accepter de rencontrer les représentants du gouvernement libanais. La dévaluation du taux de change de la livre libanaise de 1500 LL/$ à 3500 LL/$, avec davantage de dévaluations dans les années suivantes, vient en tête de ces exigences. L'analyse comparative montre que le programme donnera lieu à une récession grave, bien que ceux qui l'ont préparé prétendent qu'il va favoriser la croissance.
Le texte décrit d'abord les politiques économiques prônées par le FMI et montre ensuite la conformité du programme à ces politiques. Il se veut un matériau de discussion pour construire une opinion publique capable de faire opposition à ce genre de programmes.

1. LE RÔLE DU FMI

1.1 L'expérience historique

Le grand chercheur Henry Bruton dit que les deux expériences de la Corée du Sud et de Taïwan, ou plus exactement la lecture des intellectuels occidentaux de ces deux expériences, a motivé la formulation d'une politique économique nouvelle pour les pays en développement, laquelle commence à être appliquée au début des années 1980. Il s'agit de proposer à ces pays une stratégie à « orientation externe » comme substitut à la stratégie de « substitution des importations » qui a régné chez eux après la deuxième guerre mondiale.[31] Ces intellectuels deviennent, à la fin

---

[30] Publié une première fois sous le titre : Albert Dagher, « Le programme de réforme gouvernemental », *Al-Akhbar*, 17/ 6/2020.
[31] Bruton Henry, "A Reconsideration of Import Substitution", in *Journal of Economic Literature*, vol. 35, June 1998, pp. 903-936.

des années 1960, plus sévères dans leur critique de la « substitution des importations » à cause des « distorsions » qui ont accompagné l'intervention de l'État dans l'économie. Les politiques de subvention de l'investissement, appliquées par ces pays, n'étaient pas efficaces pour hausser la productivité, occuper la main d'œuvre locale, et réduire le chômage et la pauvreté. La littérature produite dans les années 1970 place plus haut le défi lancé à l'intervention de l'État, en taxant toutes ses interventions comme motivées par la « recherche de rente » (*rent seeking*). Les néo-utilitaristes, qui formulent les bases théoriques du néo-libéralisme, considèrent l'État comme peuplé exclusivement de « chercheurs de rente », c'est-à-dire de gens corrompus.
Les chercheurs occidentaux s'appuient sur cette construction intellectuelle pour proposer une politique de développement nouvelle pour les pays en développement. Elle recevra le nom de « Consensus de Washington ». Elle comporte deux éléments : « l'orientation externe », comme souligné plus haut, et la réduction du rôle de l'État. Il s'agit de supprimer les obstacles sur les importations et sur les entrées et les sorties de capitaux, de privatiser les entreprises publiques et de supprimer les interventions de l'État dans l'économie. Les principales mesures qu'il faut supprimer sont la protection douanière, l'octroi d'un statut légal aux monopoles et la fixation administrative des prix.
La lecture occidentale de l'expérience asiatique était éclectique. Elle a conféré une importance particulière à certains aspects de cette expérience et a négligé de manière délibérée d'autres. Il n'était pas exact que la suppression des « distorsions » eut été le facteur crucial dans le succès de l'expérience de la Corée et de Taïwan basée sur « l'orientation externe ». Les chercheurs occidentaux ont ignoré l'élément le plus important dans le grand succès de ces deux pays, qui était leur capacité à apprendre technologiquement (*learning*). Ils ont réussi à exporter des biens de statut technologique intermédiaire en recourant à l'imitation et en apprenant sur le tas (*learning by doing*).
La lecture occidentale a insisté sur le rôle des distorsions et a ignoré le rôle de l'apprentissage technologique. C'est avec cela qu'elle a justifié son insistance à supprimer les pratiques protectionnistes dans les pays en développement. Mais la stratégie d'« orientation externe » s'est soldée, pour les pays qui l'ont adoptée, par un échec flagrant. Et ce à cause de l'absence de toute

démarche d'apprentissage technologique locale sur laquelle elle s'appuie, et à cause de l'absence de toute politique industrielle visant à réaliser cet objectif. On remarque cette absence aussi bien dans les programmes des institutions internationales que dans la pratique des pays concernés.

1.2 Les programmes du FMI

L'ouverture sur l'extérieur, à travers la libéralisation du commerce extérieur et la réduction du rôle de l'État dans l'économie, ont trouvé leur traduction dans les programmes du FMI et de la Banque Mondiale proposés aux pays en développement. La dévaluation du taux de change de la monnaie nationale en a été l'élément le plus important dans les années 1980. La justification de cela était que la dévaluation renforce la compétitivité internationale des biens nationaux destinés à l'exportation. Cela dans des pays qui n'ont rien à exporter, et qui n'ont adopté aucune stratégie d'apprentissage technologique pour pouvoir exporter. Les programmes d'ajustement structurel du FMI ont été, par conséquent, des programmes récessifs. Ils ont réduit la capacité à importer, sans promouvoir la capacité à exporter. Les conséquences désastreuses de cette expérience ont trouvé leur traduction dans la chute des taux de croissance économique de ces pays. Ces taux ont représenté la moitié de ce qu'ils avaient été lors de la période de « substitution des importations ».

Les programmes du FMI ne comportaient, après la Deuxième guerre mondiale, que des mesures appartenant au domaine de la politique macroéconomique, comme la réduction des dépenses publiques, l'adoption de politiques monétaires restrictives et la dévaluation de la monnaie nationale. Leur justification était qu'ils éliminent le déficit de la balance courante et assurent la viabilité financière de l'État.

Ils s'étendent après 1980 (*mission creep*) pour inclure des mesures nouvelles destinées à réformer la structure de l'économie (*structural conditionalities*). Les plus importantes d'entre elles sont la privatisation des entreprises publiques, la libéralisation du commerce extérieur et des mouvements de capitaux, la suppression des réglementations restreignant l'activité du secteur privé, la modification du cadre de la politique sociale, et les mesures assurant la « bonne gouvernance ». Toutes ces mesures

sont justifiées par le fait qu'elles suppriment les distorsions qui naissent de l'intervention de l'État dans l'économie.[32] Les chercheurs ont fait état de 55415 mesures inscrites dans les programmes du FMI entre 1985 et 2014, imposées à 133 pays.[33]
Le FMI et la Banque Mondiale n'ont fait aucune concession sur l'application de ces mesures, et ce jusqu'à l'éclatement de la crise financière asiatique à la fin des années 1990. Les observateurs ont reproché à cette occasion au FMI d'avoir insisté à libéraliser les mouvements de capitaux, ce qui ne manquait pas de provoquer des crises financières graves, causées par les fuites subites des déposants étrangers. Sa crédibilité et son ascendant ont reculé après cette crise. Des pays industriels performants comme la Corée du Sud ont été frappés par une crise grave à la faveur de la fuite des capitaux.[34]
Au cours de la période suivante, les pays ayant réussi à faire face aux crises financières dont ils furent l'objet, ont développé des démarches à ce niveau, indépendamment du FMI. Cela a contribué au recul du rôle de ce dernier, au point qu'il commence à licencier une part de ses effectifs, juste avant l'éclatement de la grande crise financière de 2008.
Les pays industriels vont assurer à cette occasion au FMI des sommes énormes pour financer un certain nombre de pays et éviter leur effondrement. Cela a rétabli la confiance dans cette institution et lui a permis de reprendre son activité sans abandonner son rigorisme antérieur.
Des chercheurs ont déduit de la littérature produite par le FMI son désir de changer d'attitude, en particulier pour ce qui a trait à son refus des contrôles des mouvements de capitaux (*capital controls*). D'autres chercheurs ont fait le constat qu'il a repris ses anciennes habitudes de s'introduire dans les menus détails de la politique économique des pays sollicitant son aide.
Ce qui a sans doute changé est qu'il a adopté un discours nouveau, ne traduisant pas une attitude rigoriste. Les chercheurs n'y ont vu que le reflet de son insistance « à maintenir l'ancien paradigme » (*paradigm maintenance*) et ont qualifié son attitude

---

[32] Alexander E. Kentikelenis, Thomas H. Stubbs & Lawrence P. King, "IMF conditionality and development policy space, 1985–2014", *Review of International Political Economy* , Volume 23, pp. 543-582, 2016, p. 553.
[33] Kentikelenis, Stubbs & King, "IMF conditionality …", p. 551.
[34] Grabel Ilene, "The rebranding of capital controls in an era of productive incoherence", *Review of International Political Economy*, 2014, 37 pages.

d'« hypocrisie organisée ».[35] Il s'oppose à présent aux campagnes qui mettent en cause son rôle et annonce des décisions qu'il ne met pas à exécution.

2. LE CHEMINEMENT AU LIBAN VERS LA CRISE FINANCIÈRE

2.1 La route [1] vers la crise financière

Gabriel Palma a identifié trois routes vers la crise financière dans sept pays ayant fait cette expérience dans le courant des années 1990. Ce qui était commun aux pays de la première route, qui sont le Mexique, l'Argentine et le Chili, est qu'ils ont été incapables d'utiliser les flux financiers énormes en provenance de l'extérieur pour promouvoir une économie de production.[36] Ces flux ont provoqué l'augmentation des importations et de la consommation, la constitution de bulles spéculatives dans l'immobilier, l'accaparement par le secteur des biens non-échangeables de la majeure part de l'investissement et l'augmentation du taux de change effectif réel comme obstacle majeur à la croissance de l'investissement dans les secteurs de biens échangeables.[37] Tout cela aboutit à placer le compte courant de la balance des paiements en état de déficit permanent.
Ces éléments ont donné des conjonctures économiques qui ont rendu la confiance des déposants étrangers dans ces économies non assurées. Ces dernières allaient vivre dans l'attente de crises financières dues à des crises de défiance qui s'expriment par des fuites de capitaux. Des vagues de rumeurs suffisaient assez souvent pour déclencher ces fuites de capitaux.

2.2 La croissance économique d'après 1990

Dans son texte sur l'impact de la crise syrienne sur le Liban, Ghassan Diba présente les composantes de la balance des paiements libanaise, permettant par cela de lire l'expérience du

---

[35] Kentikelenis, Stubbs & King, "IMF conditionality …", p. 546.
[36] Gabriel Palma, "The "Three Routes" to Financial Crises: Chile, Mexico, and Argentina [1]; Brazil [2]; and Korea, Malaysia, and Thailand [3]", in J. Eatwell, L. Taylor (eds.), *International Capital Markets: Systems in Transition*, Oxford University Press, 2002; reprinted in Chang Ha-Joon (ed.), *Rethinking Development Economics*, Anthem Press, 2003, pp. 347-376.
[37] Gabriel Palma, "The "Three Routes" to Financial Crises…", pp. 357-362.

Liban après la guerre civile.[38] Il utilise comme sources les publications des institutions internationales, en particulier celles de la Banque Mondiale. Il donne des indications sur le cycle des affaires (*business cycle*) et la croissance, les changements structurels ayant affecté l'économie et l'évolution de l'investissement, des exportations de biens, des dépenses de tourisme et des flux financiers d'origine externe, durant les deux dernières décennies.

Il reprend pour ce qui est de la croissance et des cycles des affaires l'étude de Berthélemy, Dessus et Nahas, publiée en 2007 par la Banque Mondiale.[39] Cette étude adopte, pour déterminer les taux de croissance, un modèle d'« équilibre général calculable ». Elle fait état de l'augmentation du taux de change réel, qui mesure le différentiel entre prix domestiques et prix internationaux, comme preuve de l'augmentation des coûts de production, de l'abstention à investir dans les secteurs de production de biens et de l'arrêt de la croissance. L'auteur revient sur cette question pour montrer que le taux de change réel a augmenté de nouveau au cours de la période postérieure à l'an 2000 à la faveur des fortes entrées de capitaux au cours de cette période. Cela a conforté l'investissement dans les secteurs de non-échangeables (construction, commerce, services, transport, communications). Le rapport de la Banque Mondiale de 2012 est utilisé comme source de données. Il fait état de l'augmentation du taux de change réel dans une proportion de 100 % entre 1992 et 2009.[40]

L'étude de Iskandar Moukarbel, publiée en 2001, établit l'évolution non pas du taux de change réel, mais celle du taux de change effectif réel (REER), soit celui qui mesure en plus du différentiel d'inflation, l'appréciation du taux de change de la livre libanaise vis-à-vis d'un panier de monnaies.[41] Son augmentation était de 77 % au cours de la première décennie de

[38] Ghassan Diba, « Impact de la crise syrienne sur l'économie, le marché du travail et les aspects sociaux au Liban », colloque de « l'Initiative de l'Espace Commun », le 17/ 2/ 2020, 58 pages.

[39] Berthélemy Jean-Claude, Sébastien Dessus, Charbel Nahas, *Exploring Lebanon's Growth Prospects*, The World Bank, Policy Research, Working Paper 4332, 2007, 27 pages.

[40] Ghassan Diba, « Impact de la crise syrienne… », p. 15.

[41] Moukarbel Iskandar, « Des causes de la stagnation de l'activité économique au Liban », *An-Nahar*, 8/ 1/ 2001.

paix civile (1993-2000). Aussi, ce qui a fait défaut au cours de la période d'après 1990, est l'emploi d'indicateurs unifiés pour mesurer le recul de la compétitivité des exportations libanaises sur les marchés internationaux.

Le texte de Diba fait état des changements structurels de la dernière décennie s'étant traduits par le recul de l'emploi et des effectifs dans les secteurs de production de biens, et l'augmentation de l'emploi et des effectifs dans le secteur du commerce. Les chiffres mentionnés diffèrent de ceux de Kasparian, publiés en 2009, couvrant les années 1990 - 2007. Cette dernière étude s'appuie sur deux enquêtes menées sur la population active au Liban.[42] Diba s'appuie sur le rapport de la Banque Mondiale de 2012 pour mesurer les variations de l'emploi dans les différents secteurs.

Aussi, il fait état de la crise de l'investissement privé dans les secteurs de production de biens en relevant les montants modiques d'achats de machines par le Liban sur le marché international.

Quant aux exportations de biens, l'étude montre que le recul a porté, au cours des années précédentes, sur les exportations de bijoux à destination de l'Afrique du Sud, et qu'il a été possible de déplacer de la Syrie vers le port de Beyrouth, les voies empruntées par les exportations libanaises destinées aux pays arabes.

Le lecteur est quelque peu surpris par l'importance des dépenses de tourisme et par la part de ce secteur dans le PNB dans cette étude. Cette part est de 8,4 % de ce dernier. Ces dépenses sont perçues comme se substituant aux exportations de biens pour couvrir le déficit du compte courant et soutenir la fixité du taux de change de la livre libanaise. L'étude mentionne toutefois que le recul des dépenses de tourisme revient pour une bonne part à des considérations politiques et non à des causes économiques.

Les éléments mentionnés plus haut offrent une bonne réponse, bien qu'incomplète, sur les causes de l'aggravation du déficit de la balance commerciale en biens et services. Il suffit de mentionner les données sur l'évolution de la consommation et des importations pour compléter le relevé des causes du déficit de la balance courante. En 2015, 12 ans s'étaient écoulés depuis la

---

42 Kasparian Choghig, *L'émigration des jeunes Libanais et leurs projets d'avenir*, enquête réalisée par l'Observatoire Universitaire de la Réalité Socio-Economique (OURSE) de l'Université Saint-Joseph de Beyrouth, Oct.-Nov. 2007, Presses de l'U. S. J., 2009.

signature de l'Accord d'association du Liban avec l'Europe. Le bureau du Commissariat européen à Beyrouth souligne à cette occasion que les importations en provenance de l'Europe seule sont passées de 4 milliards de dollars fin 2005 à 8,75 milliards de dollars fin 2014, soit une augmentation de 117 %. Les exportations du Liban vers l'Europe sont passées de 216 millions de dollars à 367 millions de dollars entre ces deux dates, soit une augmentation de 70 %.[43]
Le dernier point dans cette lecture de l'expérience d'après 1990 concerne les flux de capitaux en provenance de l'extérieur. L'étude de Diba montre que le recul des flux de capitaux après 2014, provoquant un déficit de la balance des paiements qui se renouvelle chaque année, est lié au recul des prix du pétrole et des recettes qu'il assure. L'auteur mentionne l'usage par les chercheurs internationaux du modèle (VAR) pour calculer l'effet des variations des prix du pétrole et des revenus pétroliers sur un ensemble de variables économiques locales.[44]

2.3 Rumeurs, contagion et fuite vis-à-vis de la livre libanaise

Lors de sa rencontre mensuelle avec l'Association des banques en septembre 2017, le gouverneur de la Banque Centrale souligne que la diffusion à grande échelle d'une étude critiquant l'action de cette institution, avait pour objectif de créer une panique parmi les déposants qui se traduit par une demande de dollars et l'effondrement du taux de change. Il formule des accusations sur l'existence « d'une action de services de renseignements étrangers contre la Banque Centrale ».[45] Ses accusations ne donnent pas lieu à l'ouverture d'une enquête judiciaire pour identifier les responsables.
Après le déclenchement de la crise, le gouverneur n'a pas cessé de répéter que « ce qui s'est produit dans le pays n'est pas une crise financière, monétaire et économique. C'est la traduction de visées politiques conçues à l'avance, avec leur impact sur le plan intérieur, régional et international ». [46] Dans une interview accordée à la chaîne *France 24*, il insiste sur les faits régionaux

---

[43] Texte rendu public par le bureau du Commissariat le 1/ 3/ 2015.
[44] Ghassan Diba, « Impact de la crise syrienne… », p. 18.
[45] « Salamé : des "fantômes" tentent de porter atteinte à la stabilité financière », *Al-Akhbar*, 18/ 9/ 2017.
[46] *Al-Akhbar*, 8/ 2/ 2020.

dont le plus important est l'arrestation du premier ministre Hariri en octobre 2017 en Arabie Saoudite. Cela avait été suivi de sorties de capitaux.[47] Il n'avance cependant pas de chiffres sur le montant des retraits ou sur les arrêts des flux.
D'autres lectures donnent à leur tour la priorité au facteur régional dans l'explication. Un exemple de cela est la périodisation de ce qui advient après « l'Accord de Doha » de 2008. Les années 2008-2011 assistent à un afflux de capitaux en provenance de l'extérieur, à la suite de la caution accordée par les États-Unis, l'Iran et l'Arabie Saoudite à cet accord. Les choses changent durant la période 2011-2015, laquelle assiste à la signature de l'accord sur le nucléaire entre les États-Unis et l'Iran. L'élection de Michel Aoun comme président de la République en 2016 a lieu suite à une entente entre les États-Unis et l'Iran sur cela, sans qu'elle soit approuvée par l'Arabie Saoudite.[48] D'autres analystes insistent sur le changement ayant eu lieu en 2018, où il y eut rejet par l'administration américaine de l'accord sur le nucléaire avec l'Iran.
Il ne faut pas, d'un autre côté, séparer la crise de défiance à l'égard de la monnaie libanaise du rôle du FMI dans son rapport de février 2018. La mission du FMI a confirmé dans ce rapport, que le Liban n'était plus en mesure de soutenir le maintien de la fixité du taux de change de sa monnaie. L'étude publiée par Albert Dagher, en octobre 2018, a donné l'alerte sur la gravité du changement de position du FMI.[49] Les banques commerciales avaient, depuis cette date, commencé à appliquer des mesures restreignant les conversions de dépôts en dollars et leur transfert à l'étranger.
C'est l'année 2019 qui va être réellement celle du retrait des déposants et de la fuite des capitaux. Les observateurs constatent que les dépôts diminuent de 16 milliards de dollars durant l'année en question, avec 15 milliards issus de comptes dont le montant est supérieur à un million de dollars. Six milliards de dollars ont d'autre part été transférés à l'étranger après le 17 octobre 2019.[50] Les transferts de fonds vers l'étranger effectués par les politiciens

---

[47] Interview sur *France 24*, le 31/ 1/ 2020.
[48] Mohammad Saïd Rouçace, « La place du Liban dans la région », *Al-Akhbar*, 16/ 5/ 2020.
[49] Albert Dagher, « Comment protéger le peuple d'un éventuel effondrement du taux de change », *Al-Akhbar*, 29/ 10/ 2018.
[50] Nicolas Nassif, « Seul le gouverneur détient le secret des chiffres de la banque du Liban », *Al-Akhbar*, 3/ 3/ 2020.

entre le 5 septembre et le 17 octobre, puis entre le 17 octobre et la fin de l'année 2019, sont d'un montant total de 4 milliards de dollars.[51]

3. L'ATTITUDE DU GOUVERNEMENT FACE À LA CRISE ET LE CONTENU DU PROGRAMME GOUVERNEMENTAL

Nous pouvons partir des programmes du FMI, adoptés depuis 1985, et surtout de ceux adoptés après le « retour » de ce dernier en 2009, pour savoir ce qu'il nous prépare, et lire le programme gouvernemental lui-même. Les programmes du FMI comportent, sous le titre des politiques macroéconomiques, la dévaluation du taux de change, la réduction des dépenses publiques et l'augmentation des taxes et impôts. Ils comportent sous le titre des mesures d'ajustement structurel, la libéralisation du commerce extérieur, la privatisation des entreprises publiques, la suppression des législations faisant obstacle à la libre action du secteur privé et la réduction des dépenses sociales de l'État. Ils comportent aussi des réformes institutionnelles comme de garantir l'indépendance de la Banque Centrale. Le gouvernement a adopté cette même classification des mesures dans son programme.[52]

3.1 Dévaluer le taux de change

Le FMI ne s'est aucunement écarté des « politiques d'ajustement structurel par le taux de change » adoptées durant les années 1980. Avec la libéralisation des mouvements de capitaux qui s'est développée depuis cette époque, la fuite des capitaux se chargeait elle-même de dévaluer la monnaie. Il ne restait au FMI que de déterminer l'étendue de la dévaluation. Certains ont rapporté qu'il avait refusé de discuter un premier projet du gouvernement avec un taux de change de 2950 LL/$. Il a fait comprendre qu'il ne discutera aucun projet n'incluant pas un taux de change de 3500 LL/$.

Le gouvernement a agi avec précipitation en annonçant un nouveau taux de change de la livre libanaise de 3500 LL/$. Il s'agit d'une mesure grave du point de vue de son coût pour une société tout entière. Les chercheurs étudiant l'expérience arabe

---

[51] Hassan Moukalled, « Interview sur la chaîne *Al-Jadid* », 4/ 3/ 2020.

[52] Conseil des ministres, « Le programme gouvernemental de réforme », Décision du conseil du 30/ 4/ 2020, 64 pages.

disent qu'aucun président arabe ayant cautionné une grande dévaluation de la monnaie n'a pu garder le pouvoir.[53] Un tel cours du dollar fait perdre aux Libanais 60 % de leur pouvoir d'achat. Cela n'a pas paru être une priorité pour le gouvernement. Ce qu'il voulait était de se faire accepter par le FMI. Il ne s'est pas soucié de la légitimité qu'il a à obtenir auprès de la population. Il a sollicité le soutien de cet acteur externe qui est le FMI pour s'imposer.

3.2 Les dépenses gouvernementales et les recettes

Ilene Grabel a offert une récapitulation des mesures de politique macroéconomique adoptées par le FMI après 2008 dans un certain nombre de pays. Elles ont porté sur la réduction ferme des dépenses publiques par la fixation de plafonds pour le déficit public comme pourcentage du PNB. Cela a occasionné de fortes coupes dans les dépenses relatives aux traitements des fonctionnaires et aux pensions des retraités. Le FMI a refusé de rendre disponibles les tranches de prêts octroyées à des pays n'ayant pas respecté le plafonnement des dépenses publiques, comme la Hongrie, le Sri Lanka et d'autres.[54]

Le programme gouvernemental donne un exposé du déficit public qu'il propose. La part de ce dernier dans le PNB doit passer de 11,3 % en 2019 à 5,3 % en 2020 et 0,8 % en 2024. Sachant que le PNB lui-même devra baisser de 49 milliards de dollars en 2019 à 26 milliards en 2020 et 33 milliards en 2024.[55]

Le programme table sur la politique budgétaire pour réaliser un excédent du budget à travers : 1) la suppression de la subvention du prix de l'électricité et l'augmentation du tarif ; 2) la réduction de la masse des traitements publics, par le gel des effectifs des militaires, la réduction du nombre des contractuels, le gel de l'embauche de fonctionnaires nouveaux et le non-remplacement de ceux partis à la retraite ; 3) la réforme du régime de la retraite, en particulier celui relatif aux militaires, et l'adoption d'une refonte intégrale de la loi sur les retraites ; 4) la révision des

---

[53] Ehteshami Anoushiravan and Emma Murphy, "Transformation of the Corporatist State in the Middle East", *Third World Quarterly* 17 (4), 1996, pp. 753–72.

[54] Grabel Irene, "Not Your Grandfather's IMF: Global Crisis, "Productive [54] Incoherence" and Developmental Policy Space", *Cambridge Journal of Economics*, 35, 2011, pp. 805–830, p. 821-823.

[55] Conseil des ministres, « Le programme gouvernemental… », pp. 20-21.

donations relatives aux scolarités dont bénéficient les fonctionnaires de l'État.
Sur le plan des recettes publiques, le programme table sur la hausse de la taxe sur la valeur ajoutée et la suppression de tout plafond faisant obstacle à son augmentation éventuelle. Il table ensuite sur l'amélioration de la collecte des impôts par une meilleure identification des contribuables, l'élargissement de la base fiscale, l'interdiction de la fraude fiscale et douanière et de la contrebande. Il table enfin sur l'augmentation de l'impôt sur le revenu et sur les profits des sociétés, la renonciation à octroyer un certain nombre d'allègements fiscaux et d'exemptions fiscales dans les secteurs de l'immobilier, de l'éducation et autres et sur le prélèvement d'une taxe sur l'essence.[56] Pour réaliser l'équilibre budgétaire, il table sur la suppression de toute dépense budgétaire dans les infrastructures, en considérant qu'il sera possible de compter sur le programme « CEDRE » pour financer ce genre de dépenses.

3.3 La dette publique

Le programme considère que la baisse du ratio de la dette publique par rapport au PNB ne peut être effectuée en l'absence d'une remise opérée sur la dette publique locale et celle représentée par les eurobonds, et que l'accord sur cela doit être atteint par les négociations. Le refus du gouvernement de payer la dette échue sur les eurobonds en mars 2020, a été perçu comme une déclaration de cessation de paiement de sa part et une requête adressée par lui au FMI pour intervenir.[57] Les manques de savoir et d'expertise de ce gouvernement font de lui un jouet aux mains du FMI.

3.4 La recapitalisation des banques comme point de départ

Le FMI adopte une définition du solde de la balance courante, qui est la différence entre l'épargne privée et l'investissement privé, à laquelle s'ajoute la différence entre dépenses et recettes

[56] Conseil des ministres, « Le programme gouvernemental… », pp. 30-31.
[57] Hassan Moukalled, « Le programme du gouvernement pour l'avenir consacre les options du passé », la revue électronique180, 15/ 5/ 2020.

gouvernementales.[58] Pour faire baisser le solde négatif de cette balance, il faut, selon le FMI, que le secteur privé assume la part principale de l'ajustement à opérer. Ses programmes réclament la liquidation des banques et des institutions financières qui ont accumulé des dettes irrécupérables importantes. Ha-Joon Chang dit que les pays industriels ne voient pas de mal à faire appel aux banques centrales et au FMI comme prêteur de dernier ressort, pour alléger l'impact de la crise financière et empêcher des faillites en masse dans les pays occidentaux. C'est ce qui s'est fait en permanence dans l'expérience contemporaine de ces pays.[59] C'est cela qui s'est produit après la crise financière de 2008. Mais quand il s'agit de pays en développement, le FMI n'envisage que la liquidation des banques et des institutions financières comme solution à la crise. Soit qu'il y a hiver et été sur un même toit.[60]

Le programme gouvernemental a reflété une trop grande rigueur dans la fixation des pertes ou des dettes irrécupérables des banques commerciales et de la Banque du Liban. Aussi, les banques qui veulent poursuivre leur activité doivent couvrir leurs pertes avec leurs capitaux propres, en y ajoutant des fonds avancés par les actionnaires, et autoriser la transformation des dépôts en actions. Il a proposé d'un autre côté l'examen de chaque cas à part, la possibilité qu'il y ait des liquidations de banques, des fusions pour d'autres et la création de banques nouvelles.[61]

La publication du programme gouvernemental donne lieu à une polémique entre l'Association des banques et le gouvernement sur la répartition des charges ou pertes entre les deux. Tous les deux ignorent le désastre économique et social occasionné par l'adoption d'un taux de change de la livre libanaise équivalent à 3500 LL/$. On évoque d'autre part la possibilité de supprimer un tiers des crédits bancaires octroyés.[62]

---

[58] Nelson S. C., "The International Monetary Fund's Evolving Role in Global Economic Governance." in M. Moschela and C. Weaver (eds.), *Handbook of Global Economic Governance*, Milton Park: Routledge, 2014, pp. 156–170, p. 159. Voir également, Paul Krugman, Maurice Obstfeld, *Economie Internationale*, De Boeck, 2ème édition française, 1996, 891 pages, p. 362.

[59] Ha-Joon Chang, "The Hazard of Moral Hazard: Untangling the Asian Crisis", in H-J. Chang, *The East Asian Development Experience: The Miracle, the Crisis and the Future*, London: Zed Books, 2006, pp. 179-206.

[60] Ha-Joon Chang, "Mission Impossible? Can financial prudence go too far?", in H-J Chang, *Bad Samaritans: Rich Nations, Poor Policies and the Threat to the Developing World*", Random House, 2007, pp. 145-159, pp. 158-159.

[61] Conseil des ministres, « Le programme gouvernemental... », pp. 48-49.

[62] *Al-Akhbar*, 9/ 6/ 2020.

3.5 L'indépendance de la Banque Centrale

Accepter d'accueillir 30 milliards de dollars en capitaux étrangers en deux ans après la crise de 2008 n'était pas une option raisonnable. À noter que ces entrées de capitaux ont occasionné une augmentation des prix de l'immobilier dans une proportion de 500 %. Cette augmentation a forcé les jeunes Libanais voulant acheter un logement et créer une famille à partir en émigration.
La Banque Centrale a pris sur elle d'emprunter une bonne part de ces dépôts parce que les banques ne savaient pas quoi en faire. La Banque Centrale se retrouve également obligée d'adopter des taux d'intérêt subventionnés au bénéfice des développeurs immobiliers et des acquéreurs de logements. C'est cela qui a maintenu la demande dans le secteur immobilier et a empêché que la crise financière ne prenne naissance dans ce secteur.
La Banque Centrale a également offert des taux d'intérêt bonifiés à des projets dans les secteurs de l'industrie, du tourisme, de l'énergie nouvelle et de l'environnement, sans que cela donne lieu à des résultats mesurables.[63] Tout cela dépasse le champ habituel d'intervention de la Banque Centrale. Les institutions internationales n'ont pas manqué de le lui faire savoir.[64]
Se soumettre aux dictats du FMI serait sans doute une moins bonne option. Le FMI fera usage de la notion d'indépendance de la Banque Centrale pour limiter l'action de cette dernière et réduire son rôle au maximum.[65]Le cabinet Diab ne partage pas la position du gouverneur sur lesdites pertes et dettes irrécupérables, considérées par lui comme étant des engagements en report, dont l'acquittement aura lieu au fur et à mesure.
Le programme gouvernemental propose en effet de mettre la Banque Centrale sous la tutelle d'un organisme à créer sous le nom de « Société de gestion des actifs publics ». Il aura à rassembler les possessions publiques et à utiliser leur produit pour éteindre les dettes de la Banque Centrale, en particulier celles dues aux banques.

---

[63] Conférence de presse du gouverneur le 29/ 4/ 2020.

[64] International Monetary Fund, *Lebanon: Financial System Stability Assessment*, *Country Report*, No. 17/21, January 2017, 70 pages.

[65] Conseil des ministres, « Le programme gouvernemental… », p. 45.

3.6 Les mesures structurelles et la politique sociale

Créer un réseau de sauvetage social pour faire face à la pauvreté est une mesure qui trouve sa place dans le chapitre consacré à la politique budgétaire. Il faut faire bénéficier 200 mille familles des transferts en espèces accordés par la Banque Mondiale.

Quant aux mesures structurelles, elles concernent, dans les programmes du FMI, la libéralisation des échanges avec l'extérieur et la privatisation des organismes publics. Dans la lecture de Kentikelenis et al. des programmes du FMI, ces derniers comportent, après 2011, un nombre plus élevé de mesures structurelles que ceux d'avant 1994.[66]

Le programme gouvernemental ne trouve rien à dire au sujet de la libéralisation du commerce extérieur, vu que l'État avait opéré une libéralisation radicale à ce niveau en supprimant, en 2000, les tarifs douaniers et en ne laissant subsister que quelques tarifs spéciaux.[67] Il propose des mesures pour faciliter l'usage des formulaires d'export et d'import.

Il y a cependant une liste à part comportant 21 lois à adopter, opérant une libéralisation totale de l'économie. Il y a, à titre d'exemple, la loi sur la concurrence qui supprime les monopoles et celle sur les achats gouvernementaux qui supprime tout privilège octroyé aux entreprises nationales dans ces achats et qui adapte la législation libanaise à ce niveau à celle du nouveau GATT. Ceci sachant que le Liban n'a pas été admis à l'OMC et qu'il attend cela depuis 1998.

Quant à la privatisation, le programme ne mentionne au sujet de l'Électricité du Liban que l'augmentation du tarif de façon qu'il n'y ait plus de transferts gouvernementaux en faveur de cette entreprise publique en l'an 2024. Il propose sa transformation en société en bonne et due forme. Il est plus explicite au sujet du secteur des communications, proposant l'ouverture de ce secteur pour accueillir l'investissement privé. Il rappelle qu'une loi sur l'eau a été établie et qu'elle a été transmise au Parlement, proposant la privatisation de la gestion de l'eau.[68]

---

[66] Kentikelenis, Stubbs & King, "IMF conditionality ...", p. 554.

[67] Groupe de travail de l'accession de la République du Liban à l'OMC, *Aide-mémoire sur le régime de commerce extérieur*, 13 juin, 2001, 278 pages.

[68] Conseil des ministres, « Le programme gouvernemental... », p. 60.

Le programme ne dit pas un mot sur comment réformer l'administration publique et la rendre plus efficace. Il cautionne le fait de pousser cette administration à une mort clinique, en proposant le gel des recrutements et d'attendre pour voir partir davantage d'effectifs à la retraite.[69]

Il n'y a également pas un mot sur un rôle quelconque de l'État dans le domaine de la politique industrielle. Il n'y pas de mesures d'encouragement à l'investissement industriel en dehors des exemptions fiscales pour une période de dix ans. Le programme parle, dans le chapitre consacré à la politique budgétaire, de montants à allouer pour subventionner les incubateurs, et de crédits bonifiés et de liquidités assurées pour importer les matières premières. Mais le financement de tout cela se fera par les partenaires internationaux « si ces montants sont disponibles ».[70]

À noter cependant qu'il n'y a pas eu, dans l'expérience du FMI ni dans celle de la Banque Mondiale, de place depuis 1981 pour la politique industrielle.[71]

4. REMARQUES DE CONCLUSION

Au cours des années précédentes, les différents cabinets ministériels ont pris l'habitude de s'adresser à des bureaux d'études étrangers quand ils avaient besoin de programmes à proposer. Cela est une constante pour l'actuel mandat présidentiel. Le début avait été l'étude de « McKenzie ». Elle aurait coûté 1,3 millions de dollars. Il y eut aussi le « Bureau de la Banque Mondiale » à Beyrouth qui était toujours prêt à offrir des suggestions. Le bureau de consultations « Lazare » a été sollicité au plus fort de la crise financière. Cela montre que le gouvernement ne veut pas faire appel à des capacités scientifiques locales, considérant même que les détenteurs de ces capacités n'existent pas.

D'un autre côté, aucun programme alternatif cohérent s'opposant à ceux des institutions internationales n'a été élaboré. Il y eut des propositions à ce niveau.[72] Il y eut également des lectures ayant

---

[69] Conseil des ministres, « Le programme gouvernemental... », p. 27.

[70] Conseil des ministres, « Le programme gouvernemental... », p. 30.

[71] Amsden Alice, "America's Fatwas", Ch. 8, in Amsden A., *Escape from Empire: The Developing World's Journey through Heaven and Hell*, The MIT press, Cambridge, Mass., 2007, p. 129.

[72] Hassan Moukalled, « Le programme de rechange face à celui du FMI (2) », *Revue électronique 180*, 3/ 6/ 2020.

montré comment éviter la crise financière. Mais les auteurs de ces textes n'ont pas cherché à provoquer des débats publics à leur sujet.

À présent, alors que le rasoir est à la gorge de tout le monde, une lecture alternative de la situation est devenue urgente. Ce qui est encore plus urgent est de constituer une opinion publique qui s'organise dans un rassemblement de forces politiques et sociales pour faire tomber le gouvernement du FMI et proposer la mise en œuvre d'un programme différent.

Chapitre 3- Comment la discipline des relations internationales explique l'effondrement du taux de change[73]

Le chercheur Robert Jackson a montré que ce qui a changé après la Deuxième guerre mondiale est la transformation des anciennes colonies en États nationaux indépendants, par décision de la société internationale et avec son soutien.[74] Le nombre des États passe de 50 à la fin de cette guerre à 160 en 1990. Ce qui est à souligner est que certains seulement de ces États nouveaux disposaient des ressources humaines et matérielles nécessaires pour exister en tant qu'États (*statehood*).

Les anciennes métropoles coloniales vont se charger d'assurer le soutien à un nombre important de ces États, allant jusqu'à payer les traitements des administrations gouvernementales créées. Soit que les conventions internationales ont fourni une justification juridique à ces entités pour exister en tant qu'États (*juridical statehood*), bien qu'elles ne possèdent pas les conditions effectives pour cette transformation (*empirical statehood*).[75] Cela a justifié de les appeler des quasi-États. Et c'est le système international qui continue à garantir l'existence de ces États faibles.[76]

Christopher Clapham s'est intéressé au devenir de la souveraineté des pays du tiers-monde avant et après la fin de la guerre froide.[77]Il a montré que les élites dans ces États nouveaux étaient particulièrement soucieuses, au départ, de préserver cette souveraineté. Cela au sens de maintenir une bonne relation avec la société internationale et d'utiliser le caractère juridique de l'État pour s'assurer le contrôle de leurs populations sans crainte d'être l'objet d'interventions externes. Le cadre international représenté par la guerre froide a donné à ces élites un privilège supplémentaire qui était le besoin que les grandes puissances avaient d'elles pour voter dans les assemblées des Nations Unies.

---

[73] Publié une première fois sous le titre : Albert Dagher, « Les États faibles et le taux de change », *Al-Akhbar*, 9/ 7/ 2021.

[74] Robert H. Jackson, *Quasi-states: Sovereignty, International Relations, and the Third World,* Manchester England: Columbia University Press, 1990.

[75] Robert H. Jackson, *Quasi-states...*, p. 23.

[76] Robert Jackson, Georg Sorensen, "New Issues in IR: Sovereignty" in Jackson, Sorensen, *Introduction to international relations: theories and approaches*, Oxford University Press, 2002, p. 284.

[77] Christopher Clapham, "Sovereignty and the Third World State", *Political Studies*, 1999, pp. 522-537.

Ces grandes puissances ont continué à les soutenir pour éviter qu'elles ne passent au camp adverse. Les années 1970 ont, d'autre part, été le théâtre d'actions collectives des pays du tiers monde pour accéder à un niveau plus élevé d'exercice de la souveraineté.[78]

Mais les années 1980 vont assister à un processus inverse de recul de la souveraineté de ces pays, jusqu'à son évanouissement total. Les pays occidentaux ont utilisé les capitaux pétroliers qui ont été recyclés après 1973 pour donner des prêts à un grand nombre de ces pays. Avec l'augmentation des taux d'intérêt au début des années 1980, un grand nombre de ces pays étaient incapables de rembourser leurs dettes. Ils sont poussés à solliciter des emprunts auprès des institutions internationales, c'est-à-dire le FMI et la Banque Mondiale. Le FMI pose alors des conditions pour octroyer son concours. À la tête de ces conditions, il y avait la libéralisation des taux de change de ces pays, c'est-à-dire la dévaluation massive de leurs monnaies, la suppression des obstacles sur leurs importations et la réduction de la taille de leurs secteurs publics. L'endettement de ces pays a été donc le moyen pour faire reculer leur souveraineté. Et cela jusqu'à mettre leur gestion économique dans les mains de l'étranger (*externalization of economic management*).

Clapham a placé la capacité de l'État à déterminer le taux de change de sa monnaie à la tête des facteurs qui déterminent sa souveraineté.[79] C'est ce prix qui fixe sa capacité à importer de l'étranger. La dévaluation fait reculer sa capacité à importer et donne lieu à une situation de très forte austérité. Elle peut même y provoquer une famine.

L'expérience des pays d'Afrique noire francophone donne une illustration claire de l'importance du taux de change et de la souveraineté. La France avait, en 1948, adopté un taux de change fixe pour 14 pays formant la « Communauté Francophone Africaine ».[80] Ces pays étaient restés épargnés jusqu'à 1994 des effondrements des taux de change ayant affecté les autres pays africains. La France abandonne cette année-là la stabilisation de leurs taux de change. Ces pays avaient entretemps assisté au recul

---

[78] Christopher Clapham, "Sovereignty and the Third…", p. 525.

[79] Christopher Clapham, "Sovereignty and the Third…", p. 533.

[80] Antoine Glaser, Stephen Smith, « Une politique de dévaluation », in Glaser et Smith, *L'Afrique sans Africains : Le rêve blanc du continent noir*, Paris, Stock, 1994, pp. 200-224.

de leur performance économique, alors que leur endettement externe ne cessait d'augmenter. La France laisse la place au FMI et à la Banque Mondiale pour qu'ils imposent leurs programmes à ces pays. Les présidents des quatorze pays d'Afrique francophones assistent, ébahis et paralysés, à la renonciation de la France à stabiliser le taux de change de leurs monnaies. Cette renonciation donne lieu à un contexte nouveau dans ces pays, que traduit l'austérité économique, le recul de la croissance et la dégradation permanente des conditions de la vie.

Les programmes d'ajustement structurel imposés aux pays d'Afrique noire illustrent la place du taux de change dans ces programmes. Ces derniers se résument en trois points : 1) la dévaluation de la monnaie nationale, laquelle est la mesure la plus efficace et la plus facile à mettre en œuvre. Cet objectif peut être atteint à la suite de négociations avec le FMI, en contrepartie du soutien assuré par lui. Mais cet objectif peut être aussi atteint en provoquant une crise financière qui le rend un fait accompli. Et comme la dévaluation est la mesure la plus importante de ces programmes, ils furent appelés des « programmes d'ajustement structurel par le taux de change » ; 2) la réduction de l'intervention de l'État par le biais de la privatisation des principales entreprises publiques et la réduction des dépenses publiques ; 3) l'adoption de mesures radicales qui privent l'État de ses revenus antérieurs sous le prétexte de supprimer les « distorsions de prix ». Il y a, parmi ces mesures, la suppression des taxes à l'exportation, la liquidation des administrations gouvernementales qui avaient le monopole d'achat des récoltes et leur vente sur le marché international et la suppression des tarifs douaniers qui protégeaient des secteurs en particulier.[81]

----

[81] Clapham Christopher, "The International Politics of Economic Failure", in Ch. Clapham, *Africa and the International System: the Politics of State Survival*, Cambridge University Press, 1996, pp. 163-186, pp. 171-172.

Chapitre 4- Quelle est l'importance du déficit de la balance des paiements ? [82]

Comment le débat international a-t-il évolué au sujet du déficit de la balance des paiements ou plus exactement celui de la balance courante ? Quel a été le rôle de ce déficit à provoquer des crises financières ou des effondrements du taux de change de la monnaie ?

1. LES APPROCHES THÉORIQUES

De la fin de la Deuxième guerre mondiale jusqu'aux années 1970, une approche faisait le lien entre la dévaluation de la monnaie nationale et le recul des importations avec augmentation des exportations. L'effet de cela était de supprimer le déficit de la balance courante. Mais les choses ne se passaient pas toujours ainsi. C'est ce que les chercheurs ont appelé « le pessimisme au sujet de l'élasticité de l'offre et de la demande ».[83]

Durant les années 1980, une nouvelle approche a été adoptée. Elle définit le solde de la balance courante comme étant la différence entre les dépenses totales exprimées par la somme de l'investissement privé (I) et des dépenses publiques (G) d'un côté, et le produit national (Y) de l'autre côté. Ce solde ou déficit pouvait varier avec le temps. C'est ce qui amène des chercheurs comme Jeffrey Sachs à relativiser, au début des années 1980, l'importance du déficit de la balance des paiements. Cela à condition que ce déficit ait été provoqué par l'investissement privé et non par les dépenses publiques. Tant que ces dépenses restaient sous contrôle et n'occasionnaient pas de déficits, les chercheurs étaient sûrs de la capacité de l'investissement privé à supprimer le déficit et à rétablir l'équilibre de la balance des paiements. Les faits du début de la décennie 1980 n'apportent pas une confirmation à cette approche.

D'autres chercheurs, comme Stanley Fischer et Laurence Summers, affirment de leur côté qu'un déficit de la balance courante, qui persiste pendant longtemps, aura pour conséquence

---

[82] Texte publié une première fois sous le titre : Albert Dagher, « Quelle est l'importance du déficit de la balance des paiements », *Al-Akhbar*, 15/ 9/2021.

[83] Edwards Sebastian, "Does the current account matter?" *NBER Working Paper*, May 2001, 71 pages, p. 3.

la fuite des déposants et l'effondrement du taux de change de la monnaie nationale.[84]

Une approche nouvelle a été adoptée à la lumière de tout cela. Elle s'appuie sur l'idée de « soutenabilité du déficit de la balance courante ». Elle veut dire qu'un déficit peut durer tant qu'il y a un financement assuré permettant de le couvrir. Les agences de notation internationales adoptent ce concept pour porter des jugements sur la situation des différents pays.[85]

Autrement dit, il n'y a pas de relation directe entre déficit de la balance courante et éclatement d'une crise financière. Mais le caractère persistant du déficit est source de danger. Il motive une fuite devant la monnaie nationale.[86]

2. L'ÉVOLUTION AU LIBAN AU COURS DES DERNIÈRES DÉCENNIES

L'économie libanaise est une économie dite « semi-rentière ». Le Liban bénéficie de la rente pétrolière alors qu'il n'est pas, ou pas encore, un État pétrolier. L'État semi-rentier s'appuie de manière décisive sur les flux financiers en provenance de l'étranger.[87] Les plus importants parmi ces flux, et les plus permanents dans le cas du Liban, sont les transferts des travailleurs libanais à l'étranger. Ils représentent un quart du produit national chaque année après 1990. Le Liban mérite donc un deuxième qualificatif qui est celui d'« économie de transferts ». Sa dépendance à l'égard de ces transferts augmente. Son incapacité à mettre en place une économie de production pousse de plus en plus de jeunes à émigrer.

Il cherche après 1990 de façon délibérée à attirer l'épargne externe. Cela le dispense d'avoir à augmenter les impôts et lui permet de financer la consommation et son endettement public. L'idéologie néo-libérale lui dicte que c'est par le maintien de la liberté des mouvements de capitaux qu'il peut assurer le financement de son développement. Aussi, à mesure que les

---

[84] Edwards Sebastian, *Does the current account...*, p. 12-13.

[85] Edwards Sebastian, *Does the current account...*, p. 16.

[86] Edwards Sebastian, *Does the current account...*, p. 37.

[87] Albert Dagher, « L'économie semi-rentière ou le fait de compter sur les flux financiers externes », in A. Dagher, « Les défis économiques et de développement auxquels le Liban et la Syrie font face », in Revue *Défense Nationale Libanaise*, n° 33, juillet 2000 ; publié une deuxième fois dans, A. Dagher, *Le Liban et la Syrie : les défis économiques et les politiques requises*, Dar An-Nahar, 2001, pp. 20-31.

années passent après 1990, il devient encore plus dépendant de la conjoncture externe. Elle est traduite par les prix du pétrole, et ce qu'on appelle l'investissement direct étranger. La majeure part de ce dernier est faite de placements fonciers et immobiliers qui rendent la vie plus difficile pour la majorité des résidents du pays.
L'investissement dans les secteurs qui produisent des biens destinés à l'exportation devient pratiquement nul. Les chercheurs soulignent l'augmentation du « taux de change réel » dénotant l'augmentation des coûts de production et l'incapacité de l'économie à produire des biens dotés de qualités compétitives. C'est là le principal obstacle à construire une économie de production. Au cours de la décennie 2010 – 2020, le secteur touristique augmente sa participation à la formation du produit national et à l'emploi de la population active locale. Ce secteur est, lui aussi, caractérisé par une grande dépendance à l'égard de l'extérieur. Il dépend de la conjoncture régionale, non seulement économique, mais aussi politique.
Le Liban mérite aussi d'être qualifié de « capitalisme rentier » ou « capitalisme de rentiers financiers », tenant compte de la place qu'y occupe le secteur bancaire. Les dépôts de ce dernier représentent après 2008 4,5 fois la valeur du produit national brut. Il bénéficie d'une redistribution du revenu à son avantage, aux dépens des entrepreneurs et des travailleurs. Il prospère au milieu du marasme ambiant.
Partir de l'identification du Liban comme une économie semi-rentière dans le sens donné par Sid Ahmed à ce terme, soit une économie caractérisée par une dépendance extrême à l'égard des flux financiers extérieurs, paraît être un meilleur point de départ pour le diagnostic.[88] Le Liban appartient à la catégorie des pays qui ont mal utilisé ces flux. Ils les ont employés à consommer et à importer. Ils ne les ont pas utilisés pour développer une économie de production.[89] C'est pour cette raison que la crise financière était au bout du chemin.[90]

---

[88] Abdelkader Sid Ahmed, *Économie politique de la transition dans les pays en développement : le cas de la Syrie*, éd. Publisud, Paris, 1996.
[89] Palma Gabriel, "The "Three Routes" to Financial Crises: Chile, Mexico, and Argentina [1]; Brazil [2]; and Korea, Malaysia, and Thailand [3]", in J. Eatwell, L. Taylor (eds.), *International Capital Markets: Systems in Transition*, Oxford University Press, 2002; reprinted in Chang Ha-Joon (ed.), *Rethinking Development Economics*, Anthem Press, 2003, pp. 347-376.
[90] Albert Dagher, « Le programme de réforme du cabinet Hassan Diab », *Al-Akhbar*, 17/ 6/ 2020.

Le chercheur Jacques Kabanji dit que le problème du Liban est d'être une « économie rentière dont l'épine dorsale est faite des deux secteurs bancaire et foncier ».[91] Il confirme par cela que ce dont on a besoin est une économie de production, soit le contraire de ce qui existe. L'appellation en termes d'économie semi-rentière a cependant une valeur programmatique plus grande. La dépendance à l'égard des flux financiers extérieurs rend n'importe quel pays à la merci de l'extérieur et rend cet extérieur capable d'y provoquer une crise et de le détruire à n'importe quel moment.

3. ÉVOLUTION DES CHIFFRES DE LA BALANCE COURANTE AU COURS DE LA DÉCENNIE DERNIÈRE

Le chercheur Fadlallah a rassemblé les données montrant que les flux financiers extérieurs à destination du Liban ont représenté 202 milliards de dollars entre 2003 et 2018. La moitié de ces flux est représentée par les remises des émigrés et l'autre moitié est faite de placements immobiliers (24 %) et de dépôts de non-résidents.[92]

Quant à la balance des paiements, il y a deux composantes de cette balance qui sont responsables du déficit. Il y a d'abord le déficit de la balance commerciale qui a été de 225 milliards de dollars entre 1992 et 2018 et de 190 milliards sur la période 2003-2018. Il y a ensuite le déficit de la balance courante qui a atteint 150 milliards de dollars en 1992-2018 et 135 milliards en 2003-2018.

Le suivi du solde de la balance des paiements montre que le Liban a réalisé des excédents à ce niveau pendant vingt ans, entre 1991 et 2010, à l'exception de trois années. La moyenne annuelle de l'excédent était de 1,4 milliards de dollars. Cette moyenne est multipliée par trois entre 2006 et 2010. La situation s'inverse à partir de 2011. Elle dénote un déficit chaque année entre 2011 et 2018, avec une seule exception en 2016. Le déficit moyen sur la période est de 1,6 milliards par an. La mission du FMI a fait une simulation en 2019 qui montre que les déficits à assumer entre

---

[91] Jacques Kabanji, « Faiblesse de la gauche et du mouvement populaire et crise du régime … « l'alliance sociale » comme voie de sortie », *Al-Akhbar*, 16/ 4/ 2021.

[92] Abdelhalim Fadlallah, « Comment se libérer des récits en cours sur la crise », *Al-Akhbar*, 2/ 8/ 2021.

2019 et 2024 seront d'une moyenne de 3,6 milliards de dollars par an.[93]

L'agence de notation « *Moody's* » avait dégradé au début de l'année 2019 la notation du Liban.[94] Les experts de la mission du FMI soulignent cette dégradation de la notation.[95] Le ministère des Finances et la Banque du Liban prennent contact avec l'agence « *Standard and Poor* » durant le mois d'août, pour tenter de convaincre ses responsables de maintenir la notation en cours du Liban. La correspondance établie par les autorités libanaises « est jugée décevante ». L'agence « *Fitch* » provoque une surprise en dégradant à son tour la notation du Liban. Elle voit que la capacité du Liban à rembourser ses dettes est faible, avec possibilité de défaut pour le remboursement. À la fin du mois d'août, les agences avaient toutes les trois dégradé la notation du Liban.[96] Deux d'entre elles avaient considéré que le Liban était déjà dans la catégorie des pays à « risque de défaillance ».

Le premier versement lié au service de la dette externe devait avoir lieu en mars 2020 et s'élevait à 1,2 milliards de dollars. L'État avait à payer 8,1 milliards au cours de la période 2020-2021 à ce titre. Le total qu'il avait à payer au titre du remboursement de la dette externe s'élevait à 20,6 milliards de dollars sur la période allant jusqu'à 2025.

----

[93] « Les mesures récessives ne mettent pas fin à l'hémorragie de dollars », *Al-Akhbar*, 5/ 8/ 2019.

[94] Mohammad Wehbé, « Moody's dégrade la notation du Liban », *Al-Akhbar*, 22/ 1/ 2019.

[95] FMI, « Liban : Déclaration finale du personnel de la mission au titre de l'article IV de 2019 », 11 juillet 2019.

[96] Mohammad Wehbé, « Le classement de « Standard and Poor » à très bientôt : le Liban au bord du précipice », *Al-Akhbar*, 6/ 8/ 2019 ; Mohammad Wehbé, « Le classement du Liban se dégrade », *Al-Akhbar*, 24/ 8/ 2019.

Chapitre 5- La crise financière au Liban comme une « crise jumelle »[97]

Au cours des années 1980 et 1990, deux tiers des pays affiliés au Fond Monétaire International connaissent des crises financières à intensités variées. Il y a unanimité entre les chercheurs qu'une telle prolifération des crises financières avait une seule cause commune. Cette cause est la libéralisation économique, ou libéralisation des mouvements d'entrées et de sorties de capitaux.

1. LES CRISES JUMELLES

Les deux chercheuses Kaminski et Reinhart les appellent « crises jumelles » parce qu'elles associent à la crise bancaire ou faillite des banques, l'effondrement du taux de change de la monnaie nationale. La relation de causalité entre les deux n'est pas toujours dans un seul sens. Il y a faillite des banques lorsqu'une forte demande de devises étrangères liée à une fuite subite de capitaux fait que les banques n'ont plus de liquidités et font donc faillite. La crise bancaire devient une cause de l'effondrement du taux de change lorsque l'intervention de la Banque Centrale pour renflouer les banques, à travers une création de monnaie massive, se traduit par une hausse du cours du dollar, c'est-à-dire l'effondrement du taux de change.

Les causes de la faillite des banques et de l'effondrement du taux de change sont les mêmes lorsque des plans de stabilisation du taux de change nominal sont adoptés, sans prêter attention à l'augmentation du taux de change effectif réel qui a lieu. Il y a recul de la capacité productive de l'économie, avec augmentation des importations et aggravation du déficit de la balance des paiements. Des crises de défiance ont lieu. Elles s'expriment par la fuite vis-à-vis de la monnaie nationale. Le taux de change s'effondre et les banques font faillite.[98]

2. LE RÔLE DES BANQUES

Les deux approches, néo-classique et post-keynésienne, s'accordent sur le rôle principal des banques dans la provocation

---

[97] Texte publié une première fois sous le même titre dans *Al-Akhbar*, 6/ 9/ 2021.

[98] Mario Dehove, *Crises financières : deux ou trois choses que nous savons d'elles*, Conseil d'analyse économiques- Premier ministre – Document de travail, avril 2003, 155 pages, pp. 98-102.

de crises financières. Les crises ont lieu parce que les banques prennent des risques excessifs. Elles accumulent des dettes irrécupérables (*non performing loans*) au point de susciter la panique parmi les déposants, les étrangers parmi eux en particulier. Cela aboutit à la fuite de ces derniers et à l'effondrement du taux de change. Les chercheurs ont donc mis à la base de l'effondrement, l'exposition des banques aux risques.
Les néo-classiques adoptent le concept d'aléa moral (*moral hazard*), qui traduit l'idée d'encourager les banques à prendre des risques. L'intervention de l'État pour protéger les banques est considérée par eux comme un facteur qui amène ces dernières à prendre des risques excessifs.[99] Ils expliquent la crise asiatique de 1997 de cette façon.[100] La réforme pour eux serait que l'État s'interdise totalement d'intervenir.
Les post-keynésiens voient que le problème réside dans la gestion par les banques de leurs ressources. Elles exposent leurs déposants au risque quand elles ne respectent pas les règles ordinaires de gestion bancaire, soit l'intermédiation entre déposants et investisseurs. Elles donnent la priorité à réaliser des profits par des activités de spéculation. Leur exposition au risque s'aperçoit dans la part des opérations de spéculation financière dans leur activité. Cette part est identifiable dans leurs achats et ventes d'obligations et d'actions et dans le volume excessif des opérations dites hors-bilan dans leur activité.[101]
Les néo-classiques proposent de recourir aux « mécanismes d'alerte précoce » pour prévenir les crises, tandis que les post-keynésiens proposent l'usage de « mécanismes de ralentissement » des mouvements de capitaux.[102]

---

[99] Albert Dagher, « Le financement du développement : une approche opposée à la démarche néo-libérale », contribution au colloque annuel de l'Association Arabe des Études Économiques (ASFER), Le Caire, 1 et 2 novembre 2008 ; publié dans la revue *Assadissa*, n° 1, juin 2011 et dans A. Dagher, *Pour une politique de développement arabe : des prémisses opposées à l'approche néo-libérale*, Beyrouth, Dar Mountada Al-Maaref, 2012, pp. 47-73.
[100] Ha-Joon Chang, "The Hazard of Moral Hazard: Untangling the Asian Crisis", in H-J. Chang, *The East Asian Development Experience: The Miracle, the Crisis and the Future*, London: Zed Books, 2006, pp. 179-206.
[101] Luis Miotti et Dominique Plihon, « Libéralisation financière, spéculation et crises bancaires », La Documentation française, *Économie internationale*, 2001/1 - n° 85, pp. 3-36, p. 12.
[102] Albert Dagher, « Les luttes politiques et la provocation de la crise financière au Liban », *Al-Akhbar*, 17/ 3/ 2011.

3. LA SITUATION AVANT LE SOULÈVEMENT DU 17 OCTOBRE 2019

Avant le soulèvement populaire du 17 octobre 2019, la vie était devenue insupportable au Liban. Chacun se demandait sur l'intérêt à élever une famille dans un pareil pays. Albert Dagher a dépeint comment l'État est devenu « un lieu de pratiques criminelles » et comment l'économie a été transformée en « économie de pillage ». Il montre la dissolution des institutions de l'État comme illustrée par les nominations partisanes dans l'administration, la soumission du corps judiciaire aux dictats des politiciens et la responsabilité de ceux-là dans la vacance administrative créée. Cette vacance rendait les appels à l'État pour assumer ses responsabilités comme s'adressant à quelque chose qui n'existe pas.[103] Cela s'accompagne de l'extension des agressions perpétrées par les effrontés avec lesquels les politiciens tissent l'administration.[104] Les politiciens entreprennent de détruire de façon intentionnelle les institutions de l'État pour assurer leur maintien au pouvoir, comme disait William Reno.[105]

4. LE RÔLE LIMITÉ DE LA POLITIQUE BUDGÉTAIRE ET FISCALE DANS LA CRISE

Le chercheur Bassel Salloukh reprend les chiffres sur l'augmentation des effectifs de l'administration publique. Le nombre des affiliés à l'administration passe de 75 000 en 1975 à 175 000 en 2000 et 300 000 en 2017.[106] Le doublement des effectifs du secteur public n'augmente cependant pas la part des traitements et salaires comme pourcentage du PNB. Ce dernier avait lui-même augmenté. Ce que Salloukh trouve décisif est l'adoption par l'État de la nouvelle échelle des traitements et salaires du secteur public durant l'été 2017. Et ce en prévision des élections législatives qui allaient avoir lieu au printemps de l'an 2018. La correction des salaires et traitements qui a lieu hausse la

---

[103] Albert Dagher, « L'État de clientélisme politique prédateur : le cas du Liban », *Al-Akhbar*, 19 et 26/ 4/ 2021.

[104] Albert Dagher, « L'élite au Liban », *Al-Akhbar*, 18/ 12/ 2019.

[105] Reno William, "The Changing Nature of warfare and the Absence of State-Building in West Africa", in D. Davis, A Pereira (eds.), *Irregular Armed Forces and their Role in Politics and State Formation,* Cambridge Univ. Press, 2003.

[106] Bassel Salloukh, "Taif and the Lebanese State: The Political Economy of a Very Sectarian Public Sector", in *Nationalism and Ethnic Politics*, vol. 25, 1, 2019, p. 50.

part des traitements et pensions dans le budget de 2018. Cette part est de 38 % du total des dépenses de ce budget.[107]

Les deux rapports sur 2018 et 2019 établis par les experts du FMI abordent la question de la politique budgétaire de l'État.[108] Celui de 2018 trouve que l'augmentation générale de l'échelle des traitements publics en juillet 2017, a été accompagnée par des augmentations de taxes et impôts durant la deuxième moitié de l'année, de façon à rendre neutre l'effet sur les finances publiques en 2018.[109] Mais le ratio déficit public / PNB augmente de 7 % en 2017 à 11,4 % en 2018. Le coût de la majoration des traitements dépasse ce qui a été prévu au départ et suscite un long débat. La différence atteint 325 millions de dollars.[110]

Aussi, à l'occasion du vote du projet de budget de 2019, le gouvernement adopte une série de mesures qui font baisser le ratio déficit public / PNB jusqu'à 7,5 %.[111] La commission parlementaire des Finances et du Budget propose une réduction supplémentaire de ce ratio, de façon à le rendre inférieur à 7 %.[112]

5. C'EST UNE CRISE BANCAIRE DU CÔTÉ DES DÉPÔTS

Une crise bancaire peut avoir comme source, ou bien les dépôts des banques, ou bien leurs crédits. Il y a crise bancaire causée par les crédits lorsque la bulle immobilière commence à se dégonfler, et lorsque les banques assistent à une augmentation forte du pourcentage des crédits non remboursables. L'afflux très important de capitaux après 2008 a donné lieu à une augmentation sans commune mesure précédente des prix de l'immobilier. Elle est de 500 %. Il avait été impossible avec des prix pareils d'assurer une demande suffisante aux biens immobiliers. La Banque Centrale intervient. Il devient possible, à partir de 2012,

---

[107] Bassel Salloukh, "Taif and the Lebanese State…", p. 50.

[108] FMI, « Liban : Déclaration finale du personnel de la mission au titre de l'article IV de 2018 », 12 février 2018, 11 pages ; FMI, "Liban : Déclaration finale du personnel de la mission au titre de l'article IV de 2019 », 11 juillet 2019.

[109] FMI, « Liban : Déclaration finale (…) de 2018 », p. 3.

[110] Mohammad Zbib, « 1.3 milliards de dollars est le coût de l'augmentation des traitements », *Al-Akhbar*, 17/ 12/ 2018.

[111] Mohammad Zbib, « Le budget le plus austère dans l'histoire du Liban », *Al-Akhbar*, 13/ 5/ 2019.

[112] Elie El-Ferzli, « La commission des Finances réduit le déficit du budget à moins que 7 % », *Al-Akhbar*, 10/ 7/ 2019.

d'obtenir des crédits bancaires bonifiés, où la part des emprunteurs dans les intérêts payés sur ces crédits est de 1 %. La Banque Centrale paie le reste. Les bénéficiaires sont aussi bien des individus que des développeurs immobiliers.
Après 2011, 90 % des crédits bancaires sont liés au secteur immobilier. Les mesures incitatives de la Banque Centrale empêchent les prix de baisser.[113] Les rapports du FMI soulignent une baisse de ces prix de 10 % en 2017. Le FMI met en garde au sujet de l'augmentation des crédits irrécupérables et des risques de défaut des emprunteurs. La Banque Centrale devient, durant la période qui précède le déclenchement de la crise, plus stricte avec les banques pour l'octroi des liquidités qu'elles réclament, de peur qu'elles ne les transforment en dollars. Tout cela fait que ceux qui avaient l'intention de provoquer une crise financière au Liban se tournent vers une autre option qui est d'agir sur les entrées de dépôts et de réduire la liquidité en dollars des banques.
Il y a crise bancaire causée par les dépôts, lorsque les flux de ces derniers tarissent, et lorsque la liquidité en devises des banques recule. Les suivis ont montré qu'il n'y a pas eu d'augmentation de dépôts en 2018 et au début de 2019. La croissance de ces dépôts devient négative si l'on fait abstraction des intérêts perçus sur eux qui s'y ajoutent.[114] Les dépôts du secteur privé avaient connu des reculs légers en 2018, mais ils reculent de plus de deux milliards de dollars en deux mois au cours du premier trimestre 2019.[115] Les dépôts de la clientèle passent de 175 milliards de dollars fin 2018 à 171,5 milliards à la fin mai 2019.[116] Les dépôts « n'accusent pas la moindre augmentation notable sur une durée de 20 mois. Ils n'augmentent que de 0,5 %, soit moins que 900 millions de dollars ».[117]

---

[113] Ali Hachem, « Le triangle du danger : la dette, les banques et les biens immobiliers », *Al-Akhbar*, 5/ 3/ 2018.
[114] Mohammad Wehbé, « Sorties de dépôts du Liban », *Al-Akhbar*, 21/ 1/ 2019.
[115] Ali Hachem, « Le recul des dépôts du secteur bancaire depuis le début de 2019 », *Al-Akhbar*, 15/ 4/ 2019.
[116] « 10.4 milliards de dollars sont les capitaux nets en fuite du Liban en 12 mois », *Al-Akhbar*, 8/ 7/ 2019.
[117] Mohammad Zbib, « Recul des dépôts des grands déposants : ils font fuir leur argent », *Al-Akhbar*, 20/ 10/ 2019.

6. LA DÉPRÉCIATION ATTENDUE DU TAUX DE CHANGE ET LE RÔLE DU FMI

La gestion économique au Liban n'a jamais été à l'écart du regard des institutions internationales après 1990. Cela est illustré par les visites annuelles des missions du FMI et l'établissement d'un rapport régulier sur le Liban. À cela s'ajoutent les rapports préparés par la Banque Mondiale. Il est possible de placer le contenu des rapports du FMI sous quatre titres, qui sont le taux de change, les dépenses publiques, la réduction des effectifs de l'administration publique et la privatisation des institutions publiques. Les missions du FMI ne cessent de rappeler aux autorités libanaises la nécessité de réduire les dépenses publiques et d'adopter des mesures qui assurent la viabilité financière (*financial viability*) de l'État. Mais les recommandations du FMI au sujet de la réduction des dépenses publiques, des effectifs de l'administration et de la privatisation des institutions publiques étaient sujet à controverses. Les gouvernements successifs y souscrivaient rarement.

Le FMI maintient, sur l'ensemble de la période 1993-2018, son approbation du maintien de la fixité du taux de change. Ce qui était nouveau lors de la mission du FMI de février 2018, est qu'il annonce pour la première fois son désaccord au sujet du maintien de cette fixité. Il est dit dans le rapport de 2018 que « les déficits courants persisteraient (…) même après l'ajustement budgétaire, en l'absence d'ajustement du taux de change et/ou de réformes structurelles importantes (…) ».[118] Soit que, il n'y a pas de solution pour le déficit de la balance courante en dehors de la dévaluation de la monnaie nationale. Cette prise de position constitue le point de départ de la crise financière.

Les études dites de première génération sur les crises d'effondrement du taux de change affirment qu'on ne peut pas ignorer le rôle des fondamentaux, avec le déficit de la balance courante venant en premier, surtout s'il est en train de se perpétuer. Les études de deuxième génération soulignent le rôle direct des anticipations des opérateurs dans le déclenchement de la crise. Elles s'appuient sur le rôle des « anticipations auto-réalisantes ». C'est ce qui arrive lorsque les participants au marché qui anticipent la dévaluation se comportent de façon à provoquer l'arrivée de cette dernière. Les études de troisième

[118] FMI, « Liban : Déclaration finale (…) de 2018 », p. 6.

génération associent le rôle des variables macroéconomiques avec celui des faiblesses inhérentes aux structures des banques pour provoquer la crise. Elles montrent la grande facilité avec laquelle les opérateurs modifient leurs anticipations au sujet de chaque pays et de sa monnaie et les conséquences néfastes de cela.[119]

Le chercheur Mario Dehove rappelle les dizaines de variables que les études emploient pour établir les causes des crises jumelles. Il note que ces études ignorent le rôle joué par le FMI dans le déclenchement des crises. C'est ce rôle que Joseph Stiglitz a souligné dans sa lecture de la crise asiatique de 1997.[120] La position du FMI, opposée à la poursuite du maintien de la fixité du taux de change, crée une défiance chez les déposants à l'égard de la monnaie nationale. Elle provoque un renversement des anticipations chez eux.

7. LA SORTIE DES DÉPÔTS

Proposer une date pour le déclenchement des crises financières pose un problème pour les chercheurs. Au lieu d'utiliser les variations ayant affecté les chiffres pour le savoir, le mieux serait de se fier aux positions des observateurs et de reconstituer les faits sur ce qui s'est passé.[121] Les chiffres du FMI montrent en effet que l'excédent de la balance des paiements, entre 1991 et 2010, se transforme en déficit d'un montant annuel de 1,6 milliards de dollars par an durant la période 2011-2018.[122] Le journaliste Ibrahim Al-Amine cite la position d'un grand banquier qui fait le lien entre l'implication du Hezbollah dans les combats en Syrie et le renversement de la situation au Liban en termes d'entrées de flux financiers externes.[123] Le gouverneur de la Banque Centrale souligne à plusieurs reprises que l'arrestation du premier ministre Hariri en Arabie Saoudite, en novembre 2017, a été suivie d'un retrait des capitaux sans fournir des détails.[124] Le secrétaire général du Hezbollah note que les États-Unis demandent à leurs

[119] Cartapanis André, « Les crises de change : qu'avons-nous appris depuis dix ans ? », *Économie internationale*, n° 97, 2004, pp. 5-48, p. 38.
[120] Mario Dehove, *Crises financières : deux ou trois choses…*, p. 120.
[121] Mario Dehove, *Crises financières : deux ou trois choses…*, p. 8.
[122] Albert Dagher, « Quelle est l'importance du déficit de la balance des paiements », *Al-Akhbar*, 15/ 9/ 2021.
[123] Ibrahim El-Amine, « La perception de la France et de l'Occident : une ordonnance pour le désastre », *Al-Akhbar*, 5/ 7/ 2021.
[124] Albert Dagher, « Le programme de réforme du Cabinet Hassan Diab », *Al-Akhbar*, 17/ 6/ 2020.

amis parmi les Libanais de retirer leurs dépôts, et que nombreux sont ceux qui accèdent à cette demande.[125]
La position du FMI, opposée au maintien de la fixité du taux de change au Liban, commence à faire sentir ses effets dès l'automne 2018. Les banques se mettent dès cette époque à ne plus accéder aux demandes des clients de convertir leurs dépôts en livres libanaises en dépôts en dollars. Les dépôts de ces derniers ne pouvaient plus sortir qu'en livres libanaises.[126]
Le banquier Freddie Baz décrit la crise comme étant une crise de liquidités chez les banques liée à « la suspension subite des flux financiers extérieurs vers le Liban avec augmentation des sorties de capitaux qui l'affectent ».[127] Aussi, jusqu'au mois de juin 2019, les dépôts d'un montant supérieur à trois millions de dollars avaient diminué de 5,6 milliards de dollars.[128] Les ventes de dollars par la Banque Centrale aux banques augmentent au cours des mois de juin, juillet et août, d'un montant égal à 3 milliards de dollars.[129] Les gens informés du milieu bancaire confirment que l'année 2019 était effectivement celle de la fuite des capitaux. Les dépôts transférés à l'étranger au cours de cette même année, de la catégorie des comptes supérieurs à un million de dollars, s'élèvent à 16 milliards de dollars.[130]
Les enquêtes ont révélé par la suite qu'« un réseau de changeurs, banquiers et directeurs de sociétés de transfert de fonds avait procédé au retrait des billets en dollars sur le marché pour les transférer à l'étranger, en bénéficiant de complicités au sein de la Banque Centrale ». Le procureur général financier dépose une plainte contre la banque SGBL et son propriétaire Sehnaoui et contre le directeur général adjoint de la banque.[131] Le rapport

---

[125] « Nasrallah : Nous faisons face à une guerre économique », *Al-Akhbar*, 18/ 8/ 2021.
[126] Mohammad Wehbé, « Des indices financiers inquiétants : une guerre de taux d'intérêt entre les banques », *Al-Akhbar*, 25/ 9/ 2018.
[127] Freddie Baz, « La nécessité de restituer la souveraineté à la livre libanaise », *Al-Akhbar*, 25/ 11/ 2019.
[128] Mohammad Zbib, « Recul des dépôts des grands déposants : ils font fuir leur argent », *Al-Akhbar*, 20/ 10/ 2019.
[129] « La Banque du Liban vend 3 milliards de dollars en trois mois », *Al-Akhbar*, 3/ 9/ 2019.
[130] Nicolas Nassif, « Seul le gouverneur détient le secret des chiffres de la banque du Liban », *Al-Akhbar*, 3/ 3/ 2020.
[131] Radwan Mourtada, « Des suspicions au sujet d'une banque qui fait de la contrebande de dollars », *Al-Akhbar*, 3/ 3/ 2020 ; « Plainte contre la banque SGBL et Sehnaoui », *Al-Akhbar*, 19/ 6/ 2020.

technique sur les fichiers saisis à la société Mecattaf pour le transfert de fonds, a montré que la banque SGBL a transféré un milliard de dollars en utilisant dans ses achats des livres libanaises obtenues auprès de la Banque Centrale, et que la société Mecattaf a transféré 4 milliards de dollars en un intervalle de temps court.[132]

Aussi le mois d'août 2019 a vu les « agences de notation » s'accorder pour dégrader la notation du Liban et le rattacher à la catégorie des pays susceptibles de « défauts de remboursement ». [133] Elles utilisent un seul indicateur pour justifier leur attitude, qui est le ratio de dette externe de court terme sur les réserves en devises fortes. La fin du mois d'août voit aussi l'inclusion de la banque *Jammal* dans la catégorie des banques qui soutiennent le terrorisme et sa mise sur la liste des banques en liquidation.

Dès le début du mois de septembre 2019, la crise de liquidités en devises fortes commence à apparaître sur le marché. Elle se déclare lorsque les banques refusent de continuer à financer les achats de combustibles en dollars. Ce refus s'étend ensuite pour toucher d'autres biens. Le cours du dollar augmente chez les changeurs jusqu'à 1570 LL/$ à la mi-septembre. Billingsley, adjoint au ministre du Trésor aux États-Unis, qui se trouve alors à Beyrouth proteste contre l'accusation que c'est son gouvernement qui est impliqué dans la création d'une crise de liquidités en dollars au Liban.

Au début du mois d'octobre 2019, la Banque du Liban annonce que le taux de change fixe sera maintenu pour les acquisitions de médicaments, de blé et de combustibles, et qu'elle assurera leur importation à ce prix.[134] C'est alors que commence le processus de dépréciation du taux de change de la monnaie libanaise. Avant le soulèvement du 17 octobre 2019, le cours du dollar avait atteint 1600 LL/$ chez les changeurs.[135]

----

[132] Radwan Mourtada, « Accusations à l'encontre de Salamé, Sehnaoui et Mecattaf : leurs faits ont abouti à la destruction de l'économie nationale », *Al-Akhbar*, 31/ 8/ 2021.

[133] Albert Dagher, « Quelle est l'importance du déficit de la balance des paiements », *Al-Akhbar*, 15/ 9/ 2021.

[134] Circulaire de la Banque du Liban, n° 530, www.bdl.gov.lb.

[135] « Le dollar à 1610 LL et la Banque du Liban n'intervient pas », *Al-Akhbar*, 10/ 10/ 2019.

Chapitre 6- Le choix de renflouer les banques [136]

Un premier texte sur la crise financière au Liban a été publié sous le titre : « La crise financière au Liban comme une crise jumelle ».[137]Il y était dit que le déclenchement de la crise s'est fait dans le secteur bancaire avec comme cause, non pas les crédits irrécupérables des banques, mais les sorties de dépôts qui ont pris un caractère aigu en 2019. Il s'en est suivi une pénurie de liquidités en devises fortes dans le secteur bancaire. Ce dernier cesse alors de financer les importations dès septembre 2019. La Banque Centrale annonce à son tour, à la fin du même mois, qu'elle cesse d'assurer des devises pour toutes les importations, et qu'elle limite son concours au taux de change fixe d'alors à trois ensembles de biens : les médicaments, le blé et les combustibles. La relation causale entre crise bancaire et effondrement du taux de change s'inverse après cette date. Les démarches pour renflouer les banques deviennent la cause principale d'une dépréciation sans bornes du taux de change.

1. LE SOULÈVEMENT DU 17 OCTOBRE ET LA DÉMISSION DU CABINET HARIRI

Avec l'éclatement des mouvements populaires le 17 octobre, les banques ferment leurs portes. La fermeture est maintenue pendant douze jours. Les banques font, à la réouverture de leurs portes, l'objet d'une ruée de déposants (*run*). Elles parviennent à imposer des restrictions sur le retrait de dépôts.

Le Parlement s'abstient de voter une loi de « contrôle des capitaux » pour réglementer les retraits des clients et les transferts de fonds à l'étranger. Il laisse cela à la discrétion des banques. Il leur laisse la liberté de gérer leurs dépôts et crédits, de façon à éviter la faillite et leur octroie le temps qu'elles veulent pour cela.

Le cabinet Hariri ayant démissionné fin octobre, les gens vont attendre plusieurs mois la formation d'un nouveau gouvernement. Ils passent ces mois à discuter au sujet du cabinet de technocrates qui va sauver le pays.

---

136 Première partie d'un texte publié sous le titre : « L'enfer au Liban en 2021 », dans *Al-Akhbar*, 26/ 11/ 2021.

137 Publiée in *Al-Akhbar*, 6/ 10/ 2021.

2. L'ABANDON DU PROGRAMME DU CABINET DIAB

Le programme du cabinet Diab s'avère être un calque des « programmes d'ajustement structurel » du FMI. [138] Avant d'adopter ce programme le 30 avril 2020, le gouvernement avait, le 9 mars, suspendu le paiement des montants échus de la dette externe. L'annonce de la cessation de paiement de la dette avait pour but de justifier le recours au FMI. On voulait parvenir à une situation où la gestion économique serait placée sous la surveillance directe du FMI.

Le gouvernement considère n'avoir pas besoin de consulter qui que ce soit dans le pays pour adopter un tel programme. Il s'abstient de demander l'avis des Libanais, alors que son projet leur impose une charge lourde, à travers l'abandon de l'impératif de maintien du taux de change fixe et la menace de liquidation du secteur bancaire tout entier au cas où il est appliqué.

Ce secteur s'oppose à l'action dont il va faire l'objet, appuyé en cela par un groupe de politiciens. Il obtient que l'on renonce à adopter le programme du gouvernement. Les politiciens impliqués évoquent l'existence d'un complot externe visant à liquider le secteur bancaire libanais au bénéfice d'acteurs étrangers, régionaux en particulier. Le journaliste Hassan Aleïk rapporte que la réunion du Conseil supérieur de Défense[139] le 12 juin 2020, a permis d'obtenir l'aval des trois présidents, dont le Premier ministre qui était présent à cette réunion, pour rejeter le programme gouvernemental de réforme.[140]

Le président Diab est relégué à l'inaction dès le moment où le secteur bancaire, soutenu par le Parlement, s'oppose au programme gouvernemental. Cette inaction est aussi liée au fait qu'il ne comprend rien aux questions de gouvernement. Il ne dispose pas du minimum de culture qui lui permet de participer au débat public.

Il n'avait aucun projet de rechange à avancer pour gérer la crise après l'annulation par l'élite économique et politique de son programme de réforme. Des mois avaient été consommés à discuter sur l'audit comptable et à se mettre d'accord sur les données concernant les pertes du système bancaire. De

---

[138] Albert Dagher, « Le programme du cabinet Hassan Diab », *Al-Akhbar*, 17/ 6/ 2020.

[139] Dispositif formé d'officiers de l'armée et de la gendarmerie que le président Aoun réunit assez régulièrement sous le prétexte qu'il y a état d'urgence.

[140] Hassan Aleïk, « Complices dans le crime. », *Al-Akhbar*, 12/8/ 2021.

nombreuses commissions se réunissaient au Sérail, sans que l'on sache ce que ces commissions faisaient. Le manque de sens de la responsabilité chez le président Diab se conjugue à un vide administratif total autour de lui. L'administration ne pouvait l'aider en rien parce qu'elle n'existait tout simplement pas.

3. ÉTEINDRE LES PERTES DU SECTEUR BANCAIRE COMME DÉMARCHE POUR FAIRE FACE À LA CRISE

Le secteur bancaire s'applique à supprimer une bonne part des dettes considérées par le programme gouvernemental comme irrécupérables. Il offre aux déposants au lieu de leurs dépôts, des biens immobiliers qu'ils peuvent acquérir. Les développeurs immobiliers parviennent de la sorte à vendre les habitations construites et remboursent aux banques les prêts qu'elles leur avaient accordés. Du stock totalisant 50 à 60 mille habitations en 2019, il ne reste à la fin de 2020 que 7 mille unités. Les banques parviennent à récupérer 15 milliards de dollars sur les dettes immobilières accumulées par les développeurs.[141]

3.1 La littérature sur le renflouement des banques

Dans la littérature sur les renflouements de banques (*bailouts*), les chercheurs recensent quatre démarches que les autorités publiques adoptent à cet effet : offre de garanties aux déposants de préservation de leurs dépôts, offre de liquidités aux banques, recapitalisation des banques, allègement du poids des prêts non remboursables *(«toxic» assets*).[142]
La grande crise financière de 2008 a donné un exemple des interventions des banques centrales et des États en Occident pour prévenir la faillite des banques. Cela fait suite aux recommandations proposées par le Groupe des Sept (G7) lors de sa conférence d'octobre de la même année. Les banques centrales assurent des montants exceptionnels de liquidités aux banques et mettent à la disposition de ces dernières des devises étrangères obtenues à l'aide d'opérations de swap. Les États constituent des dispositifs nouveaux pour gérer la crise, comme la « Société de Financement de l'Économie Française » (SFEF) qui se charge de

---

[141] « Une ruée sur l'immobilier au Liban », *Lebanon 24*, 15/ 2/ 2020.
[142] Emiliano Grossman, Cornelia Woll, "Saving the Banks: The Political Economy of Bailouts", Centre d'études européennes et de politique comparée, 2012, 26 pages, p. 4.

financer les banques en difficulté, ainsi que la « Société de Prises de Participations de l'État » (SPPE) qui achète les bons et certificats émis par les banques françaises pour conforter leurs capitaux propres. L'État se charge en Allemagne d'acquérir les prêts des banques non remboursables. L'acquisition, par des banques fortes, de banques en difficulté est encouragée un peu partout.[143] Cela permet d'éviter que la crise bancaire ne se transforme en effondrement économique dans ces pays et que les banques reprennent assez rapidement leur activité.
Les chercheurs divergent dans leur explication de l'engagement ferme des États occidentaux à renflouer les banques. Les discussions montrent que le concept de « capitalisme de copains » (*crony capitalism*) ne convient pas pour expliquer cet engagement.[144] Les chercheurs voient que la peur de voir la crise bancaire se transformer en dépression grave, avec ce que cela engendre comme chômage additionnel, est ce qui dicte aux États leur attitude.

3.2 L'expérience au Liban

C'est la Banque Centrale au Liban qui va gérer l'ensemble du processus, avec un mandat explicite du Parlement et l'acquiescement des cabinets ministériels successifs. Elle y procède à travers :
1) l'offre de garanties qu'il n'y aura pas de faillites. Le gouverneur de la Banque Centrale, dans sa conférence de presse du 11 novembre 2019, déclare qu'« il n'y aura pas de banques mises en faillite, et nous aurions de la sorte protégé tous les dépôts dans les banques ».[145] Il revient sur cela à différentes reprises ;
2) L'offre de liquidités en livres libanaises aux banques pour leur permettre de répondre aux demandes de retrait de dépôts de leurs clients. Cela permet aux banques de convertir les dépôts en dollars en livres libanaises et de se débarrasser de la sorte d'une bonne partie de leurs dépôts. La Banque Centrale imprime en effet plusieurs milliers de milliards de livres. Elle met sur le marché,

---

[143] Ministère français de l'Économie, des Finances et de la Relance, « L'intervention des États et des banques centrales et ses contreparties au plus fort de la crise », 2010, 7 pages.
[144] Raphael Reinke, *The Politics of Bank Bailouts*, European University Institute, Florence, 2014, 183 pages, ch. 6, p. 141.
[145] Mohammad Wehbé, « Riad Salamé jetant les dés : ce sont « eux » qui portent la responsabilité », *Al-Akhbar*, 12/11/ 2019.

entre octobre 2019 et février 2020, environ 30 mille milliards de livres libanaises. La quantité de monnaie en papier était égale à 5,2 mille milliards en août 2019. Elle atteint, selon les chiffres de la Banque Centrale, 40,5 mille milliards fin juillet 2021. Elle aura augmenté de huit fois entre ces deux dates.

Les banques ont émis des chèques aux clients désireux de fermer leurs comptes en dollars. Ces derniers allaient avec ces chèques chez les changeurs et obtenaient des dollars en papier en perdant 70 % de la valeur de leurs chèques dans l'opération.[146] Les banques ont adopté aussi un cours pour l'échange de dollars au profit des clients, de 3900 LL/$, en application de la circulaire 151 de la Banque Centrale, datée du 24 avril 2020. Elles avaient encouragé les déposants ayant des comptes à faibles montants à clôturer ces derniers. Entre les mois de mars de 2020 et de 2021, il y eut fermeture de 1,2 millions de comptes pour des déposants petits et moyens.[147] Une activation de la conversion des dépôts en dollars en livres libanaises a lieu en 2021. La Banque Centrale émet la circulaire 158 qui échelonne le remboursement des dépôts des petits déposants sur plusieurs années. Les banques réclament d'autre part que des recettes publiques soient affectées au remboursement des dettes contractées auprès d'elles par la Banque Centrale.[148]

3) la recapitalisation des banques : la Banque Centrale avait en effet demandé aux banques, d'abord en novembre 2019 et ensuite en août 2020, d'augmenter leurs capitaux propres d'un montant équivalent à 20 % de leur capital. Elle a prolongé le délai jusqu'à la fin de l'année 2020. Elle a ensuite émis la circulaire 154, qui demande aux banques de constituer des dépôts en dollars dans les banques avec qui elles correspondent à l'étranger, équivalents à 3 % de leurs dépôts en devises étrangères. Elle a demandé aux banques d'encourager les clients ayant transféré des fonds à l'étranger depuis 2017 à rapatrier 15 % des montants transférés. Les banques n'ont pas accédé aux demandes de la Banque Centrale. La plupart d'entre elles n'ont pas conforté leurs liquidités à l'étranger comme la Banque Centrale le voulait.

---

146 Ayman Charrouf, Hussein Tlaïs, « Les marchands d'argent au Liban : une enquête qui dévoile les fils du complot », *Al-Hurra*, 17/ 5/ 2021.

147 Léa Azzi, « Un organisme indépendant pour restructurer les banques », *Al-Akhbar*, 25/9/ 2021.

148 Léa Azzi, « Le plan de renflouement du premier ministre Mikati », *Al-Akhbar*, 21/9/ 2021.

Les observateurs ont signalé d'autre part que les circulaires de la Banque Centrale, dont l'objectif est de recapitaliser les banques, ont créé une demande de dollars sur le marché local qui a été un des principaux facteurs de l'effondrement du taux de change de la livre libanaise.
Plus le temps passait, plus l'idée de s'en remettre aux banques pour restituer les dépôts des clients et pour éteindre les dettes non remboursables a paru être erronée. Les flux financiers extérieurs se sont obstinés à ne pas rentrer au Liban. Ce qui a rendu la répartition des pertes un désastre pour tous. Tout cela paraissait être une fatalité faute de perceptions différentes du rôle de l'État face à la crise.

Chapitre 7- La descente aux enfers au Liban en 2021[149]

Une fois de plus, la priorité a été de renflouer les banques aux dépens de tous. C'est une reprise du scénario de dépréciation du taux de change de la livre libanaise des années 1980.

1. LA DÉPRÉCIATION DU TAUX DE CHANGE DES ANNÉES 1980

Les années 1980 ont été celles d'un « ajustement structurel par le taux de change ». Le taux de change de la livre libanaise passe de 6,8 LL/$ fin 1984 à 2875 LL/$ en septembre 1992. Certaines études ont ramené les racines du problème au conflit entre les créanciers représentés par les banques et les débiteurs représentées par l'État principalement. [150] Après 1984, les créanciers se rendent à l'évidence que l'État ne pourra pas prendre le contrôle des ports et rembourser les dettes qu'il a contractées auprès d'elles par les taxes douanières collectées. Il s'ensuit un processus de fuite devant la monnaie libanaise vers le dollar.
Dès 1987, les sept premières banques du Liban deviennent seules à fixer le taux de change de la livre libanaise. Cela après avoir retiré au gouverneur de la Banque Centrale la possibilité d'avoir son mot à dire à ce niveau. L'effondrement du taux de change sur l'ensemble de la période traduisait une logique de « conflit distributif », où les banques et les milieux d'affaires en général procédaient à l'augmentation du cours du dollar pour faire baisser le pouvoir d'achat des salaires. Les chercheurs du FMI ont eux-mêmes reconnu que la baisse du niveau du salaire réel était la raison pour déprécier le taux de change.[151] Le salaire minimum reste sous le plafond de 100 dollars sur la période 1985-1990.[152]
Les étudiants apprennent dans les cours de « théorie monétaire internationale » qu'il y a simultanéité entre l'augmentation des

---

[149] Partie 2 d'un texte publié initialement sous le titre : « L'enfer au Liban en 2021 », *Al-Akhbar*, 26/ 11/ 2021.
[150] Dagher Albert, « La politique de taux de change : l'expérience libanaise et le rôle que cette politique devra jouer », in revue *Défense Nationale Libanaise*, n° 42, octobre, 2002, pp. 5-51 ; voir aussi, Eken S., P. Cashin, N. Erbas, J. Martelino, A. Mazarei, *Economic Dislocation and Recovery in Lebanon*, IMF, Occasional Paper, 120, February, 1995, p. 32.
[151] Dagher Albert, « La politique de taux de change… », p. 27-29.
[152] Dagher Albert, « La politique de taux de change… », p. 33.

prix et la dépréciation du taux de change.[153] Cette position trouve ses racines dans la théorie néo-classique de la parité des pouvoirs d'achat (*PPP*) établie par Gustave Cassel. Elle s'oppose à celle des post-keynésiens, pour qui le taux de change joue le rôle de locomotive, traînant derrière lui les autres variables.[154]

2. LE TAUX DE CHANGE

Durant l'année 2021, il y avait quatre cours du dollar : le taux de change fixé à 1500 LL/$; celui de la circulaire 151 qui est de 3900 LL/$, pour la conversion en livres libanaises des dépôts en dollars des clients ; celui du marché noir qui se situait entre 13000 LL/$ et 20000 LL/$ en 2021. Un cours nouveau, celui de la plateforme de change « Sayrafa » créée par la Banque Centrale, s'est ajouté à ces derniers en 2021. On disait aussi que les modifications du taux de change du marché noir pouvaient avoir lieu à partir d'applications sur les téléphones et que cela pouvait avoir lieu aussi bien à l'intérieur du Liban qu'à l'étranger.
L'effondrement du taux de change de la livre libanaise dès septembre 2019 montre que le cours du dollar augmentait pour atteindre un certain niveau qu'il conservait pendant plusieurs mois avant de monter de nouveau. Il avait atteint 2000 LL/$ en décembre 2019. Lorsque le cabinet Hassan Diab annonce son programme le 30 avril 2020, le cours du dollar était de 3350 LL/$. Et lorsque la commission parlementaire du budget et des finances annonce son refus du programme gouvernemental de réforme en juin 2020, ce cours avait atteint 4500 LL/$.
Ce cours va augmenter au cours du mois de juillet 2020 jusqu'à 8500 LL/$. Il conserve ce niveau jusqu'au premier mois de l'an 2021. Il augmente de nouveau au cours du mois de mars pour atteindre 12250 LL/$. Les observateurs attribuent cette hausse aux achats par les banques de 16 millions de dollars par jour en février, en application de la circulaire 154 de constitution de dépôts auprès des banques correspondantes à l'étranger. Les

---

[153] Vedel Claude, *Théorie Monétaire Internationale*, Economica, Paris, 2ème édition, 1999, p. 49 et 125.
[154] Luigi Spavento, « De l'interaction des mouvements de taux de change et de l'inflation intérieure : cycles vicieux et cycles pas très vertueux, anciens et nouveaux », in *Revue Internationale des Sciences Sociales*, n. 3, 1983, p. 572.

dépôts des banques étaient estimés alors à 114 milliards de dollars et le montant à constituer était de 3,4 milliards de dollars.[155]
Ce cours monte de nouveau jusqu'à 17000 LL/$ à la fin du mois de juin. Il atteint 23300 LL/$ le 16 juillet 2021. Les observateurs attribuent cette augmentation aux achats par la Banque du Liban de 600 millions de dollars du marché noir durant la première moitié de juillet. Cela a coïncidé avec la renonciation du président Hariri à former un gouvernement.
La baisse du cours du dollar qui eut lieu ensuite fut interprétée comme exprimant un accueil favorable à la nomination du député Mikati pour former un nouveau gouvernement. Le recul du cours de 19000 LL/$ à 14000 LL/$ en septembre était le résultat d'un accord entre la Banque Centrale, les banques et les changeurs. Ce cours va cependant reprendre son ascension après la formation du nouveau cabinet. Il fait un saut de 7000 LL/$ entre le 15 septembre et le 15 octobre. Cela à cause des achats par les importateurs de mazout de 8 millions de dollars par jour sur le marché noir.[156]

3. LA SUSPENSION DES SUBVENTIONS DES PRIX

La circulaire 530 de la Banque du Liban du 1er octobre 2019 avait maintenu les prix des importations d'essence, de mazout, de gaz domestique, de médicaments et de blé et leur vente au public à leur niveau antérieur correspondant au taux de change fixe d'alors. D'autres produits alimentaires ont bénéficié en 2020 d'une subvention du même genre. Ce concours de la Banque Centrale a réduit ses réserves d'un montant équivalent à 6,4 milliards de dollars. D'autres opérations de la Banque Centrale au bénéfice des banques, des déposants et pour respecter des engagements à l'égard de l'étranger, ont contribué à une diminution supplémentaire de ses réserves d'un montant égal à 7,8 milliards de dollars.[157]
Les réserves en devises sont passées de 29,3 milliards de dollars en octobre 2019 à 15,7 milliards en mai 2021. Ce dernier montant

---

155 Mohammad Wehbé, « C'est ainsi que Salamé a fait flamber le prix du dollar», *Al-Akhbar*, 4/ 3/ 2021.
156 Mohammad Wehbé, « Le dollar a fait un saut de 7100 livres libanaises en un mois », *Al-Akhbar*, 14/ 10/ 2021.
157 Léa Azzi, « L'augmentation de la pauvreté, du chômage et de la récession ne réduit pas le déficit de la balance des paiements », *Al-Akhbar*, 22/ 9/ 2021.

représente les réserves obligatoires que les banques sont tenues de déposer à la Banque Centrale. Pour pouvoir utiliser ces montants, le gouverneur de la Banque Centrale a réclamé qu'il y ait vote par le Parlement d'une loi légalisant cet usage. Le Parlement n'a pas donné son aval.
C'est alors que commence une étape nouvelle de la descente aux enfers. La Banque Centrale renonce progressivement, en juin et juillet 2021, à fournir des dollars pour importer le mazout et l'essence. Les Libanais font la queue tout au long de cette période devant les stations d'essence. Ces files d'attente ne prennent fin que lorsque les prix des combustibles ont été multipliés par dix.
À la fin du mois de septembre, le prix d'un bidon d'essence était de 213 800 LL, alors qu'il avait été de 26 400 LL au début de l'année, soit une augmentation de huit fois. À la fin de septembre, le bidon de mazout coûtait 183 600 LL, soit une augmentation de dix fois, en comparaison avec le début de l'année.[158]
Les prix de ces deux matières s'alignant sur les variations du taux de change du marché noir, augmentent de nouveau en novembre. L'essence atteint un niveau qui est de 11 fois celui du début de l'année. Le mazout est 18 fois plus cher qu'il n'a été au début de l'année.

4. COUPURES DE L'ÉLECTRICITÉ ET PÉNURIE DES COMBUSTIBLES

Dans les plans du ministère de l'Énergie de l'année 2010, l'objectif était de produire 700 mégawatts d'électricité supplémentaires. La loi 181 est votée en 2011 à cet effet. Le ministre de l'Énergie de l'époque refuse alors que le financement soit assuré par des Fonds de développement arabes et insiste pour un financement par le budget public.[159] Une alternative était de recourir à l'électricité fournie par des bateaux turcs. L'État leur verse la somme d'un milliard de dollars en huit ans. Il n'aura ajouté sur l'ensemble de la période que 270 mégawatts à la capacité existante.[160] La chancelière allemande Merkel visite le Liban en 2018 et propose de construire des centrales qui assurent les besoins du Liban en énergie pour un coût total de 800 millions

---

[158] Mohammad Wehbé, « Deux prix du dollar dans une même circulaire », *Al-Akhbar*, 30/ 9/ 2021.
[159] Elie El-Ferzli, « Le prêt koweitien pour l'électricité », *Al-Akhbar*, 16/ 9/ 2021.
[160] Elie El-Ferzli, « Une heure sur 24 de fourniture d'électricité », *Al-Akhbar*, 8/ 10/ 2021.

d'euros. Sa proposition, comme celles de l'Iran, de la Chine et de la Russie sont toutes déclinées.
L'Électricité du Liban avait demandé de bénéficier d'une avance de l'État de 1500 milliards de LL au début de l'année 2021 pour assurer les besoins en combustible et la maintenance pour toute l'année. Plusieurs groupes parlementaires se liguent alors pour réduire la somme à 300 milliards de LL. Cela signifiait un refus de financer l'Électricité du Liban.[161] La fourniture d'électricité par cette dernière n'est plus que de 4,5 heures par jour. La part assurée par les générateurs privés passe à 12 heures par jour.
Par suite de la réunion du Conseil supérieur de Défense du 11 août 2021, le gouverneur de la Banque Centrale annonce qu'il cesse de fournir des dollars pour importer les combustibles. Le communiqué de presse dit que « l'achat de combustibles se fera au prix du marché ».[162] Une majorité de parlementaires avait déjà avalisé la suspension de la subvention d'un certain nombre de prix. Les mêmes groupes parlementaires apportent leur soutien à la suspension de la subvention des combustibles.
Les deux mois d'août et de septembre assistent plusieurs fois à un arrêt total de la production d'électricité par l'Électricité du Liban, faute de combustibles. Sa production ne va plus être que d'une heure sur vingt-quatre heures de fourniture de courant.
Le 19 août, le secrétaire général du Hezbollah annonce le début de l'importation de combustibles en provenance de l'Iran. L'ambassadrice des États-Unis se dépêche alors d'annoncer l'acceptation par son pays de l'importation de gaz de l'Égypte et d'électricité de la Jordanie. Des pourparlers sont engagés avec la Banque Mondiale pour obtenir un prêt permettant de payer le gaz égyptien.[163] La ministre libanaise des Affaires étrangères obtient l'accord préalable de l'ambassadrice américaine avant de se rendre en délégation en Syrie pour engager des pourparlers avec les autorités de Damas. Même chose pour le ministre de l'Énergie qui se déplace en Jordanie pour signer l'accord de transport du gaz égyptien.[164]

---

[161] Hassan Aleïk, « Le pétrole iranien, une artère de survie », *Al-Akhbar*, 21/ 8/ 2021.

[162] « L'arrêt de la subvention des combustibles : le pouvoir exécute les Libanais », *Al-Akhbar*, 12/ 8/ 2021.

[163] Elie El-Ferzli, « Des problèmes techniques qui font obstacle au gaz égyptien et à l'électricité jordanienne », *Al-Akhbar*, 21/ 8/ 2021.

[164] « La formation du gouvernement : le retour du pessimisme », *Al-Akhbar*, 7/ 9/ 2021.

L'objectif fixé par le cabinet Mikati est de parvenir, avant la fin de l'année 2021, à douze heures par jour de fourniture d'électricité, avec quatre heures assurées par le gaz égyptien, quatre heures par le pétrole irakien et deux heures par l'électricité jordanienne. À cela s'ajoutent deux heures assurées par les centrales thermiques du Liban.[165] Le cabinet Mikati fait savoir que l'utilisation du prêt de la Banque Mondiale doit avoir comme préalable le relèvement du prix de l'Électricité du Liban jusqu'à 3500 LL/kilowatt, soit une augmentation du prix de 25 fois. Ce prix n'était que de 135 LL/kilowatt au taux de change de 1500 LL/$.[166]

Au mois d'août, le ministère de l'Énergie fixe le prix de l'électricité fournie par les générateurs privés à 2603 LL/kilowatt.[167] Le prix est porté à 5200 LL/kilowatt en octobre. Il n'était que de 633 LL/kilowatt au début de l'année 2021. Il aura augmenté huit fois entre ces deux dates.

5. LE POUVOIR D'ACHAT

Selon la Banque Mondiale, le produit national brut ou revenu national aura baissé de 20 % en 2020 par rapport à son niveau de 2019. Une baisse supplémentaire de 10 % était censée avoir lieu en 2021, selon cette même institution.[168] D'autres sources d'information avancent que les transferts des travailleurs libanais à l'étranger, qui transitent par les sociétés de transfert de fonds, bénéficient à 220 000 récipients. Ils représentent un montant mensuel total de 120 millions de dollars.[169] Les Libanais à l'étranger auraient, par ailleurs, transféré au Liban 7,2 milliards de dollars au cours de l'année 2021.

L'indice des prix à la consommation, publié par l'Administration Centrale de la Statistique, montre une hausse du niveau général des prix de 473 % de 2019 jusqu'à septembre 2021, soit une multiplication des prix par cinq. Il estime la part des produits alimentaires dans le panier des ménages comme étant toujours

---

165 « 12 heures d'électricité avant la fin de l'année », *Al-Akhbar*, 27/ 10/ 2021.

166 « Mikati fait pression pour privatiser : le tarif de l'électricité sera relevé de 25 fois », *Al-Akhbar*, 18/ 11/ 2021.

167 « Le marché de l'électricité », *Al-Akhbar*, 13/ 9/ 2021.

168 « Le FMI a-t-il l'intention de répandre la confusion au sujet du Liban », *Al-Akhbar*, 25/ 10/ 2021.

169 « Salamé gèle la décision de transférer les dollars des sociétés de transfert de fonds à la Banque Centrale », *Al-Akhbar*, 27/ 8/ 2021.

égale à 20,6 % du total. Ce qui est faux. Les détails de l'indice sont plus exacts et montrent que les prix des produits alimentaires ont augmenté entre les deux dates de 18 fois, alors que les prix du transport ont augmenté de dix fois.[170]

L'Unicef avait publié un rapport où il était dit que 77 % des familles libanaises n'avaient pas trouvé en juillet 2021 assez d'argent pour acheter leur nourriture.[171] Au mois de novembre 2021, les salaires et traitements avaient perdu 93 % de leur pouvoir d'achat.

Le ministre des Finances avait préparé le 16 septembre un arrêté accordant aux fonctionnaires de l'État une aide sociale équivalente à la moitié de leur salaire mensuel pour une période de deux mois. Le gouverneur de la Banque Centrale avait suggéré au même ministre l'octroi d'une aide à ces mêmes fonctionnaires pour une période d'un an.[172] Ils reçoivent à partir de septembre un supplément équivalent à 50 % de leurs salaires.

Cette augmentation n'aura compensé que 3 % de la perte de pouvoir d'achat pour les produits alimentaires. La Commission de l'Indice des Prix, où siègent des représentants du patronat et des syndicats avec des experts, s'est réunie pour faire des propositions sur la correction des salaires. Ses propositions portent sur l'augmentation des salaires et traitements et de l'indemnité de transport. Les augmentations de salaires ne doivent pas être prises en compte pour le calcul du salaire de base et des indemnités de fin de service.[173]

----

[170] « Une inflation élevée en deux ans et neuf mois », *Al-Akhbar*, 25/ 10/ 2021.

[171] *Al-Akhbar*, 29/ 7/ 2021.

[172] Léa Azzi, « Le canular de l'indemnité de transport », *Al-Akhbar*, 4/ 11/ 2021.

[173] Mohammad Wehbé, « Il n'y a pas de correction des salaires, mais un geste de générosité temporaire », *Al-Akhbar*, 25/ 10/ 2021

Chapitre 8- La crise financière au Liban ou comment affamer une population[174]

Dans les textes précédents, la crise financière qui a frappé le Liban à partir de septembre 2019 a été définie comme une « crise jumelle », c'est-à-dire une crise bancaire et une crise de change.[175] Le lien a été fait d'abord entre la publication du rapport de la mission du FMI sur le Liban de février 2018, lequel affirme que ce dernier ne peut plus maintenir la fixité du taux de change, et la vague de fuite des dépôts qui commence en automne de cette année. Elle se poursuit tout au long de l'année 2019. Cela donne lieu à une pénurie de devises qui force les banques à suspendre le financement des importations en septembre 2019.

Il a été ensuite question d'insister sur le rôle de la Banque Centrale pour renflouer les banques, en refusant qu'il y ait des déclarations de faillites et en accordant aux banques le temps de faire face à leurs pertes. La Banque Centrale crée massivement des liquidités en livres libanaises pour permettre aux banques de restituer les dépôts en dollars aux clients en livres libanaises. C'est l'une des conditions de la création d'une hyperinflation. À partir de juin 2021, la Banque Centrale cesse d'offrir des dollars pour l'achat de combustibles au taux de change fixé ancien. La hausse des prix et la pénurie de combustibles transforment le pays en un enfer.

1. LES FAITS

1.1 Le PNB

La Banque Mondiale avait avancé que le PNB baissera de 20 % en 2020 et de 10 % supplémentaires en 2021.[176] Une autre estimation du PNB a été ensuite proposée, faisant passer ce dernier de 51 milliards de dollars en 2019, à 33 milliards en 2020 et 20,5 milliards en 2021.[177] Mais le FMI estime, lors de rencontres

---

[174] Publié une première fois sous le même titre dans *Al-Akhbar*, 16/ 5/ 2022.

[175] Dagher Albert, « La crise financière au Liban comme une « crise jumelle », *Al-Akhbar*, 6/ 9/2021 ; Dagher Albert, « L'enfer au Liban en 2021 », *Al-Akhbar*, 26/ 11/2021.

[176] « Le FMI voudrait-il rendre les choses plus obscures au sujet du Liban ? », *Al-Akhbar*, 25/ 10/ 2021.

[177] « Les bienfaits des remises et les méfaits de l'émigration », *Al-Akhbar*, 6/ 12/ 2021.

avec l'équipe libanaise chargée de préparer le plan de relance économique, que le volume du PNB en 2021 est de 15 à 17 milliards de dollars.[178] Soit que la baisse a été de 71 % entre 2019 et 2021.

Les remises des émigrés ne s'ajoutent pas telles qu'elles lors du calcul du PNB. Ce dernier est la somme des revenus auxquels a donné lieu l'activité interne. Ces remises sont de 7,5 milliards de dollars en 2019, de 6,9 milliards en 2020 et de 6,6 milliards en 2021 selon la Banque Mondiale.[179] C'est le secteur immobilier qui expérimente une activité fébrile en 2020. Les opérations d'achats et de ventes d'appartements totalisent 82 mille opérations pour un montant de 15 milliards de dollars. Ces opérations se ralentissent ensuite dès la fin du premier trimestre 2021.[180]

1.2 L'inflation

Jusqu'à la fin de septembre 2021, l'indice des prix à la consommation avait augmenté de 473 % en comparaison avec le début de 2019, soit de cinq fois. Les prix des produits alimentaires avaient augmenté de 18 fois entre ces deux dates.[181] L'indice des prix à la consommation augmente de nouveau jusqu'à 637 % fin novembre, avec une augmentation de l'indice des prix alimentaires de 23 fois.[182] À la fin du mois de mars 2022, le niveau général des prix atteint un nouveau record, avec un indice qui a augmenté de 796 %, soit une augmentation de huit fois. Les prix alimentaires augmentent de 29 fois, en comparaison avec leur niveau du début de 2019.[183]

Les prix du mazout passent de 18 800 LL en juin 2021 à 425 000 LL en mars 2022, soit une augmentation de 22 fois. Les prix de l'essence augmentent de 26 500 LL à 417 000 LL, soit de 16 fois.[184] À la fin du mois de mars 2022, le prix de l'électricité

---

[178] « Le PNB se contracte et la population devient plus pauvre », *Al-Akhbar*, 7/ 3/ 2022.

[179] « Les bienfaits des remises et les méfaits de l'émigration », *Al-Akhbar*, 6/ 12/ 2021.

[180] Khaled Abou Chacra, « Les prix des appartements ont reculé de moitié », *Nida' al Watan*, 6/ 12/ 2021.

[181] « Une inflation forte durant deux ans et neuf mois », *Al-Akhbar*, 25/ 10/ 2021.

[182] « L'augmentation cumulative des prix », *Al-Akhbar*, 17/ 1/ 2022.

[183] « 796 % d'augmentation des prix depuis 2019 », *Al-Akhbar*, 6/ 4/ 2022.

[184] « Les appréhensions au sujet de la libéralisation des prix de l'essence », *Al-Akhbar*, 28/ 3/ 2022.

fournie par les générateurs privés augmente jusqu'à 10 457 LL/kilowatt, après avoir été de 687 LL/KW début 2021. Soit une augmentation de 15 fois.
Le cabinet Mikati, formé le 10 septembre 2021, annonce avoir donné la priorité à la réalisation de quatre objectifs avant les élections parlementaires de mai 2022 : contrôler le taux de change de la LL, augmenter les fournitures d'électricité par l'Électricité du Liban, établir le budget de 2022, et préparer un « plan de redressement » avec répartition des pertes du secteur bancaire et restructuration de ce dernier. Cela en misant sur un accord avec le FMI permettant de normaliser les relations du Liban avec l'extérieur.

1.3 Le taux de change

Par suite de la formation du cabinet Mikati, le taux de change de la livre libanaise s'apprécie et passe de 19 000 LL/$ à 14 000 LL/$ au milieu de septembre. Il se déprécie ensuite et le cours du dollar augmente de 7000 LL en un mois. Les observateurs attribuent cela à l'augmentation de la demande de dollars pour l'achat du mazout, dont les prix ne sont plus subventionnés. À la fin du mois de novembre, le cours du dollar est de 24000 LL/ $. Il augmente encore davantage au début du mois de décembre. La Banque Centrale publie alors un communiqué faisant porter la responsabilité des augmentations aux applications « douteuses et non légales » sur les téléphones.[185] Les journaux en ligne accusent des plates-formes situées en dehors du pays, dont l'une est installée à l'ambassade américaine en Irak, d'être à l'origine de ces augmentations.[186]
Les vacances de fin d'année vont être l'occasion d'un effondrement sans précédent du taux de change. Les applications sur téléphones sont accusées d'en être responsables.[187] Le cours du dollar atteint son niveau le plus élevé, qui est de 34000 LL/$, le 11 janvier. Ce qui provoque une forte tension dans le pays. La Banque Centrale saisit cette occasion pour donner plus de poids à la plate-forme « *Sayrafa* » créée par elle pour les achats et ventes

---

[185] Mohamed Wehbé, « Ceux qui manipulent le taux de change… », *Al-Akhbar*, 30/ 11/ 2021.
[186] « Les plates-formes responsables de la manipulation du taux de change », *Al-Khanadek*, 3/ 12/ 2021.
[187] Imad Al-Chidiac, « Pourquoi les banques haussent-elles le prix du dollar », *Al-Akhbar*, 6/ 1/ 2022.

de dollars. Cette plate-forme va améliorer sa maîtrise de l'offre et de la demande du dollar pour limiter les variations de son cours.
La Banque Centrale annonce vouloir contrôler l'évolution du cours du dollar en rationnant les liquidités en livres libanaises circulant sur le marché. Elle émet la circulaire 161 qui permet aux banques d'acquérir auprès d'elle des dollars en papier qu'elles vendent ensuite au public contre des livres libanaises. Le plafond des ventes de dollars aux banques est supprimé. Ce qui permet à ces dernières de vendre plus de dollars et de retirer davantage de livres libanaises du marché. Ces liquidités sont considérées être à l'origine de l'effondrement du taux de change. La Banque Centrale parvient à baisser le cours du dollar de 34000 LL/$ en janvier à 21500 LL/$ au début de février.[188] Un accord entre le gouvernement et la Banque Centrale semble avoir été établi pour fixer le cours du dollar à 20000 LL/$. Ce même prix va être adopté pour établir le budget de 2022.

1.4 La politique budgétaire

Le Conseil des ministres adopte le 10 février le projet de budget de 2022. Les sommes se répartissent à raison de 1748 milliards de LL pour les salaires et traitements, 7676 milliards de LL comme intérêts sur la dette publique, dont 4500 milliards pour les banques et 2000 milliards pour la Banque Centrale.[189] Soit que les intérêts sur la dette publique représentent quatre fois la somme allouée aux salaires dans le budget. L'Électricité du Liban reçoit une avance de 5250 milliards pour faire fonctionner les usines pendant deux mois seulement. Les dépenses d'investissement reçoivent 2212 milliards de LL, ce qui représente 4,7 % des dépenses du budget. Autrement dit, les dépenses consacrées aux services publics ont une place secondaire en comparaison avec la priorité accordée à payer les intérêts aux banques.
Le budget alloué à la papeterie dans les administrations publiques est relevé de dix fois, celui des combustibles l'est de 23 fois. L'Université Libanaise ne bénéficie pas de ces majorations. Son budget est maintenu à son niveau de 2019 et ne représente plus que 10 millions de dollars après avoir été de 176 millions de dollars. Les sommes allouées aux combustibles dans son budget

---

[188] Agence Reuters, 2/ 2/ 2022.
[189] République libanaise – Ministère des Finances, « Rapport sur le projet de budget public de 2022 », 38 pages, 26 janvier 2022.

assurent un seul mois de fonctionnement dans ses soixante-dix sections.[190]

Le souci de maintenir l'équilibre entre dépenses et recettes apparaît dans la manière de préparer le budget. Les majorations fiscales touchent la taxe sur la valeur ajoutée et les taxes administratives. Ces dernières augmentent de 300 % alors que la taxe sur la propriété bâtie augmente de 217 %.[191] Le dollar douanier, ou l'adoption du taux de change du marché noir pour établir le montant des taxes sur les importations revient souvent dans le débat. Il est mis de côté à cause de la faiblesse des sommes qu'il assure, et parce que tout le monde craint ses conséquences sur les prix intérieurs.[192]

La correction des salaires n'est envisagée qu'en septembre 2021 par le gouvernement, deux ans après le déclenchement de la crise financière. Et cela sous forme d'une « aide sociale » pour les fonctionnaires des deux secteurs, public et privé. Elle n'est pas prise en compte, ni pour le calcul du salaire qui détermine l'indemnité de fin de service, ni pour le montant des retraites. Elle est fixée à 50 % des traitements dans le secteur public, alors que l'indice des prix à la consommation avait, à cette date, augmenté de 500 %. Elle ne compense que 10 % de l'effondrement du pouvoir d'achat des revenus. Les fonctionnaires reçoivent cette majoration pour les deux mois de septembre et d'octobre.

Mais cette formule fait apparaître une absence d'engagement de la part du gouvernement à corriger les salaires, même dans cette proportion minime. Le cabinet Mikati fait l'oreille sourde pour payer la majoration des traitements des mois de novembre et de décembre 2021. Le Conseil des ministres décide ensuite de payer aux fonctionnaires le supplément équivalent à la moitié d'un salaire, dans l'attente de l'adoption du projet de budget de 2022. Ce dernier, adopté en février 2022, fixe la majoration des traitements à 100 %.

Le gouvernement oublie une fois de plus de payer la majoration relative au mois de mars 2022. L'Union Générale des Travailleurs s'est vue obligée de dépêcher une délégation qui rencontre le

---

[190] Faten El-Hage, « Bassam Badran : la situation de l'université n'est plus supportable », *Al-Akhbar*, 17/ 3/ 2022.

[191] Mohammad Wehbé, « Le budget public : le dépouillage du secteur public… », *Al-Akhbar*, 21/ 1/ 2022.

[192] Léa Azzi, « Salamé propose deux prix officiels du dollar », *Al-Akhbar*, 31/ 12/ 2021.

Premier ministre pour lui rappeler ses engagements.[193] Il s'est avéré que le gouvernement a refusé de payer « l'aide sociale » aux fonctionnaires du secteur public pour ne pas augmenter les liquidités en livres libanaises accusées de hausser le cours du dollar.[194] Cette raison a justifié de priver 300 mille familles des sommes qui les aideraient à faire face à leur quotidien jusqu'à la fin de chaque mois.

1.5 L'électricité

Le gouvernement Mikati avait promis d'assurer, avant la fin de l'an 2021, la fourniture de 12 heures d'électricité par jour offertes par l'Électricité du Liban.[195] Mais le ministre de l'Énergie présente, début février, un rapport montrant qu'il faut deux ans pour parvenir à une alimentation de 16 heures par jour, et qu'il faudra deux ans de plus pour assurer 24 heures d'électricité par jour.[196] La fourniture de gaz par l'Égypte et d'électricité par la Jordanie font face à des obstacles parce que les États-Unis n'ont pas rendu disponibles les exemptions de pénalités rattachées aux sanctions de la « loi de César ». La Banque Mondiale n'a, à son tour, pas assuré les sommes qui permettent d'acheter le gaz égyptien. Elle avait posé une condition pour libérer ces montants, qui est de relever le prix de l'électricité jusqu'à 2000 LL/ kw.[197]

1.6 L'aggravation de la paralysie comme horizon

Ceux qui vont au travail voient chaque matin un peu plus d'établissements supplémentaires ayant fermé leurs portes. Ils ne savent pas où sont partis leurs propriétaires ni ce que ces deniers font. Après la suspension de la subvention des prix des combustibles, la circulation s'est arrêtée sur les routes. Et cela pendant des mois. Les établissements éducatifs gouvernementaux de tous les niveaux ferment leurs portes parce que les frais de déplacement du personnel jusqu'au lieu de travail dépassent à présent les traitements reçus, et parce que ces derniers n'ont pas

---

[193] *Al-Nachra*, 19/ 4/ 2022.

[194] Izzat Elhage Hassan, « Mikati au pèlerinage et l'État en enfer : le secteur public cesse de travailler », *Al-Moudoun*, 29/ 4/ 2022.

[195] « 12 heures de fourniture d'électricité avant la fin de l'année », *Al-Akhbar*, 27/ 10/ 2021.

[196] Mohammad Wehbé, « Mikati sans réalisations », *Al-Akhbar*, 16/ 2/ 2022.

[197] Elie El-Ferzli, « Pas d'électricité pour les pauvres », *Al-Akhbar*, 25/ 9/ 2021.

reçu l'indemnité de transport qui leur a été promise. Même chose pour les administrations publiques qui ont fermé ou qui ouvrent un jour par semaine par incapacité de ceux qui y travaillent de se rendre au travail. Les observateurs disent que 100 mille personnes ont émigré entre janvier et mai 2021 et que 47 mille personnes supplémentaires ont quitté entre juin et septembre de la même année.[198]

2. L'ATTENTE MORTELLE DU RENFLOUEMENT DES BANQUES ET LA POSITION DU FMI

Le gouvernement avait repris les pourparlers avec le FMI à la suite de l'interruption qui eut lieu au temps du cabinet Diab. Une des raisons de cette interruption était l'absence d'un accord interne sur la comptabilisation des pertes des banques et de la Banque Centrale. Le « plan de redressement » du cabinet Diab avait défini les responsabilités des banques et de la Banque Centrale dans la crise. Les deux avaient refusé de les assumer.

L'équipe gouvernementale, présidée par le vice-Premier ministre, parvient à établir un deuxième « plan de redressement » censé servir pour les pourparlers avec le FMI. Il traduit un accord avec la Banque Centrale au sujet des montants des pertes du secteur. Elles sont de 69 milliards de dollars. Le plan propose de restituer une part des dépôts en dollars en leur équivalent en livres libanaises, l'offre à une catégorie de déposants d'actions dans les banques, et le refus de supprimer les dépôts inférieurs à 100 mille dollars.[199] Le FMI émet des objections sur ces modalités qui nécessitent d'imprimer 695 mille milliards de livres libanaises sur 15 ans. Cela traduit sa position de principe hostile à la création de monnaie. Sa définition du déficit de la balance des paiements attribuant aux banques la responsabilité première dans les pertes était la cause d'un deuxième désaccord avec ses interlocuteurs internes.

2.1 L'accord de principe avec le FMI

Une mission du FMI avait visité le Liban durant la première semaine de décembre 2021. Des discussions ont lieu ensuite entre le 24 janvier et le 11 février 2022. La mission du FMI revient à la

---

[198] « Aujourd'hui commence la crise et nous allons vers un désastre », *Beirut Observer*, 20/ 10/2021.
[199] Agence *Reuters*, 2/ 2/ 2022.

fin du mois de mars. Deux communiqués de presse séparés sont émis par le gouvernement et par la mission du FMI le 7 avril, annonçant la conclusion d'un accord de principe dit « au niveau du personnel ». Le « mémorandum d'accord » établi par le gouvernement récapitule les résultats des pourparlers avec le FMI.[200] Il s'aligne sur la position de ce dernier au sujet de la réforme envisagée. La suppression des capitaux propres des banques comme préalable à leur restructuration vient en premier. Ce qui veut dire faire assumer aux banquiers les conséquences de leur gestion du secteur. Le mémorandum présente, d'autre part, les éléments d'un chantier législatif d'ensemble à mettre en œuvre. Il porte sur l'activité de la Banque Centrale, les finances publiques, l'augmentation des impôts et taxes et la restructuration des entreprises possédées par l'État, surtout l'Électricité du Liban.
Les conditions présentées par le FMI, sans lesquelles il n'est pas possible d'avancer, sont au nombre de cinq. Il s'agit d'effectuer l'audit des opérations de la Banque Centrale, l'adoption d'une loi de « contrôle du capital », l'approbation par le Parlement du projet de budget de 2022, l'introduction de modifications à la « loi sur le secret bancaire » et l'adoption de la loi de restructuration du secteur bancaire.[201]
La poursuite des pourparlers est ajournée jusqu'à la fin des élections parlementaires au mois de mai. La réalisation de l'audit à la Banque Centrale paraît faisable, avec les poursuites par les tribunaux européens et locaux du gouverneur sous l'accusation d'« enrichissement illicite ». Cela rend évident l'abandon par ce dernier de son poste à la tête de la Banque Centrale.[202]
Le FMI avait insisté pour modifier les projets de lois de « contrôle du capital » établis par les deux commissions parlementaires des Finances et de l'Administration. Il faut en faire un instrument pour mettre en œuvre le « contrôle de change ». Les législateurs des deux commissions se sont préoccupés des intérêts des banques et de ce qui les rend capables de faire face aux poursuites dont elles peuvent faire l'objet de la part des déposants désirant récupérer leur argent. Le FMI a cependant voulu que cette loi puisse servir à contrôler tous les montants à utiliser pour les

---

[200] République libanaise – Présidence du conseil, « Texte complet du mémorandum d'accord avec le FMI », *Al-Akhbar*, 18/ 4/ 2022.
[201] Mohammad Wehbé, « Les titres de l'accord avec le FMI », *Al-Akhbar*, 7/ 4/ 2022.
[202] « Les enquêtes judiciaires prennent plus d'extension en Europe », *Al-Akhbar*, 14/ 4/ 2022.

importations. Cela est pour lui le seul moyen de prévenir un usage des devises disponibles qui puisse aggraver le déficit de la balance des paiements. Son motif est de s'assurer qu'il va pouvoir récupérer les montants qu'il aura prêtés à l'État.
Quant à la restructuration des banques, ces dernières ont exprimé leur désaveu de l'option consistant à supprimer leurs capitaux propres. Elles se préparent à intenter des procès à l'État et à la Banque Centrale, et à empêcher cette dernière de faire usage des réserves obligatoires en devises qu'elle détient.[203]

2.2 Les programmes du FMI et la croissance

Ce qui vient d'être exposé sont les thèmes proposés comme sujets de discussion avec le FMI. L'utilité des programmes du FMI pour restaurer la croissance au Liban est une autre question. Dans le programme du cabinet Diab, comme calque des programmes d'ajustement structurel du FMI, il n'y avait pas de place pour la création d'une administration publique interventionniste, ni pour donner à l'État un rôle principal dans les dépenses d'infrastructure et la production de biens technologiques.[204] C'est pareil pour le programme du cabinet Mikati tel que défini dans le « mémorandum d'accord ». Tout au long des quatre décennies passées, les programmes du FMI ont omis de faire allusion à la création d'une administration publique et à la mise en œuvre d'une politique industrielle. Autrement dit, aucun programme mis en exécution en association avec le FMI ne peut se substituer à un programme national de construction de l'administration publique et de mise sur pied d'une économie de production.

----

[203] Mohammad Wehbé, « Les banques cherchent à interdire l'usage des réserves en dollars », *Al-Akhbar*, 9/ 5/ 2022.

[204] Dagher Albert, « Le programme de réforme gouvernemental », *Al-Akhbar*, 17/ 6/2020.

Chapitre 9- Les élites, la crise et le programme de rechange[205]

Comment l'élite politique et les corps constitutionnels ont-ils fait face à l'effondrement ? Quelle est l'alternative en termes de développement qui arrache le Liban à sa situation présente ? Cette alternative porte sur la fixation d'un taux de change qui garantit une vie décente aux Libanais, la mise en place d'un organisme de « contrôle de change » et la mise en œuvre d'un programme gouvernemental d'investissement dans les infrastructures et dans la production de biens technologiques.

1. LES CORPS CONSTITUTIONNELS ET LES FORCES POLITIQUES

Dans des pays comme le Liban, les acteurs de la vie politique n'ont pas besoin d'avoir des idées économiques, et ils sont convaincus de ne pas en avoir besoin. Le politicien n'a pas besoin d'idées pour mener son activité. Il peut même trouver que le programme est un handicap pour lui. Il craint les débats intellectuels et s'en éloigne. Ceux qui se soucient d'avoir des idées pour guider leur action doivent faire autre chose.

Et parce que le néo-libéralisme était la seule option pour les pays en développement admise par les puissances internationales, on pouvait voir les politiciens de ces pays s'affronter de la pire façon tout en adoptant les mêmes thèses néo-libérales dans le domaine du management économique. Ce qui compte pour eux est d'obtenir l'aval de l'étranger. Si les chercheurs locaux se retrouvent à crier tous seuls, ce n'est pas parce que ce qu'ils disent est sans intérêt, mais parce que les politiciens n'ont besoin que de l'aval de l'étranger. Les politiciens s'alignent sur les approches de ce dernier, indépendamment de ce qu'elles peuvent être.

Les chercheurs structuralistes affirment que si les élites des pays en développement ont à choisir entre des politiques qui assurent les intérêts de la population locale, et d'autres qui vont à l'encontre de ces intérêts mais leur valent les faveurs des

---

[205] Publié une première fois sous le titre : Albert Dagher, « Comment faire face à la crise : construire l'administration publique et construire l'économie de production », *Al-Akhbar*, 23/ 5/ 2022.

responsables étrangers, ces élites sacrifient toujours les intérêts de leurs concitoyens.[206]

Le président de la République n'a pas exigé l'ouverture d'une enquête judiciaire à la suite des déclarations faites par le gouverneur de la Banque Centrale en septembre 2017, ce dernier ayant affirmé que cette dernière a fait l'objet d'un complot pour provoquer une fuite des dépôts à cette date. Il n'a pas vu qu'il doit informer les Libanais sur ce qui se prépare pour eux et se préparer à cette éventualité. Le nouveau sexennat « réformiste » ne prête pas attention en 2018 à ce que disent les Libanais, et il confie à une société étrangère de préparer un programme économique pour le Liban à un coût exorbitant.
Il s'abrite derrière l'argument qui est qu'il n'a pas de prérogatives. Il préside cependant les réunions du Conseil des ministres et peut proposer ce qu'il veut. Il renonce à s'entourer de spécialistes et d'intellectuels de haut rang. Il n'a, par conséquent, rien à proposer aux Libanais, qui puisse rétablir leur confiance dans leur pays et les empêcher d'aller vers une émigration massive.
Il accepte que le cours du dollar augmente sans arrêt, avec les conséquences désastreuses de cela, sans réclamer qu'il y ait enquête pour savoir qui en sont les acteurs et sans demander aux instances judiciaires d'engager des poursuites contre eux. Il accepte d'assister en spectateur à l'entreprise consistant à affamer la population. Et lorsque le cours du dollar augmente de façon incontrôlable en juin 2021, accompagné de rumeurs que ce sont des motifs politiques qui sont derrière tout cela, la Présidence se contente d'annoncer que « l'administration en charge s'apprête à évaluer cela ».[207]

Le Cabinet Hassan Diab n'avait pas un plan de sortie de la crise. Il ne savait pas quel cours du dollar adopter pour les taxes à l'importation, ni ce que la correction des salaires réclame comme dépenses, ni le coût de la carte d'approvisionnement des couches démunies de la population, ni ce que coûte le maintien de la subvention des prix. Le gouverneur de la Banque Centrale refuse de lui donner des détails sur les réserves en devises détenues par

---

206 Raymond Hinnebusch, "The Middle East in the world hierarchy: imperialism and resistance", in: *Journal of International Relations and Development*, vol 14, n. 2, 2011, pp. 213-246, pp.223-225.
207 « À qui imputer la montée du prix du dollar ? », *Lebanon debate*, 28/ 6/ 2021.

elle.[208] Durant les années antérieures, les dossiers à discuter au Conseil des ministres étaient préparés par des agents affiliés au « programme des Nations Unies pour le développement ». Ils agissaient en consultants et pouvaient se retrouver là ou partir, en l'absence d'un cadre administratif permanent à la Présidence du conseil.[209]

La « Commission de l'indice des prix » se réunit en automne 2021 après avoir cessé d'exister pendant cinq ans. Elle ne dispose d'aucun document sur lequel s'appuyer pour discuter la correction des salaires. Elle n'a pas de chiffres sur les effectifs des employés et ouvriers du secteur privé. Elle s'adresse à une société privée qui est « l'internationale pour l'information » pour se fournir en données.[210] Et lorsque des feux de forêt géants ravagent le Akkar, sans qu'il y ait un dispositif capable de faire face à cette situation, on se rend compte qu'il y a 17 centres de Défense civile avec 47 individus, lesquels ne peuvent pas prendre part à des actions sur le terrain parce qu'ils sont d'un âge avancé. On se rend compte aussi qu'il y a 5 équipes de gardes forestiers avec juste 7 affiliés.[211] Aussi, lorsqu'on décide de se fournir en gaz de l'Égypte et en électricité de la Jordanie, le Liban découvre qu'il n'a pas de techniciens dans son administration pour faire les travaux de réparation des réseaux d'acheminement du gaz.[212]

Dans l'« accord de Taëf », la démission du président du Conseil équivaut au départ de ce dernier.[213]Il suffit que le Premier ministre mette sa menace de démission à exécution pour que tous les membres du cabinet rentrent chez eux. Et quand ces derniers posent des questions sur les dossiers qu'ils ont à discuter, ils ne trouvent pas de réponse. Les membres du cabinet Mikati se sont

---

[208] Mohammad Wehbé, « L'État se déplace à l'aveuglette », *Al-Akhbar*, 23/ 8/ 2021.

[209] Dagher Albert, « L'État de clientélisme politique prédateur : le cas du Liban », *Al-Akhbar*, 26/ 4/2021.

[210] Hadil Farfour, « Les associations patronales marginalisent la commission de l'indice des prix », *Al-Akhbar*, 4/ 11/2021.

[211] Najla Hammoud, « Les incendies du Akkar mettent l'État à nu. », *Al-Akhbar*, 30/ 7/2021.

[212] Elie El-Ferzli, « Les faits sur la réunion de Amman », *Al-Akhbar*, 10/ 9/2021.

[213] Khaled Kabbani, « Le système de gouvernement au Liban : une démocratie de compétition ou de consociation : une analyse », in Khaled Ziadeh (dir.), « Le Liban : études sur la société, l'économie et la culture », Centre arabe pour les recherches et l'étude des politiques (ACRPS), Beyrouth, 2021, 736 pages, pp. 569-655, p. 596.

plaints de voir le projet de budget de 2022 adopté sans vote préalable de leur part.[214]

Le système parlementaire s'était transformé en « régime d'Assemblée » tout au long des trente années passées.[215] La séparation des pouvoirs entre législatif et exécutif faisait défaut et aucun des deux n'avait à rendre compte à l'autre. Les membres du Parlement détiennent des postes ministériels. La représentation politique servait à mettre la main sur les ressources.
Le régime de « partage du pouvoir » emploie, après 2006, ce qu'il y a de plus nuisible dans ces régimes : le veto mutuel et la pratique de tirer à la corde.[216]C'est le président de l'Assemblée qui était à l'origine du nouveau dispositif de « partage de pouvoir » en cours. Les communautés confessionnelles détiennent à présent non seulement des pouvoirs mais aussi des prérogatives.[217] Le « pacte national » est invoqué pour justifier cela. Le respect de ce principe fait que les réunions des conseils des ministres, celles du Parlement, les élections législatives et les consultations pour former les nouveaux cabinets font systématiquement l'objet de boycotts.
Il y a report des élections législatives pendant cinq ans parce que leur tenue suppose l'élection préalable d'un président de la République. Les réunions du Conseil des ministres sont l'objet d'interruptions une fois après l'autre parce que l'une ou l'autre des mouvances politiques se considère lésée. C'est la mobilisation des différentes composantes de l'élite politique sous la pression d'acteurs externes, pour aller vers une guerre civile confessionnelle, qui semble fournir la justification de l'amendement ayant cours du régime de « partage de pouvoir ».
Le refus du « duo chiite » dans le cabinet Mikati d'assister aux conseils ministériels durant trois mois, entre la mi-octobre 2021 et la mi-janvier 2022, fournit un exemple des pratiques de veto auxquelles se livrent les différents acteurs internes.

---

214 « Le budget fait exploser la relation de Mikati avec le Hezbollah », *Al-Akhbar*, 12/ 2/2022.
215 Khaled Kabbani, « Le système de gouvernement… », p. 578.
216 Dagher Albert, « Un programme politique et administratif de rechange », *Al-Akhbar*, 13/ 5/2021.
217 Nicolas Nassif, « De la référence au pacte national de Berri à celle du Hezbollah », *Al-Akhbar*, 12/ 4/2022.

Le Parlement assiste à la manière d'un spectateur à ce qui se passe depuis le début de la crise. Il ne se manifeste pas à l'occasion de l'abandon du « plan de redressement » du cabinet Diab en juin 2020. Il refuse en août 2021 de voter une loi autorisant le recours aux réserves en dollars à la Banque Centrale pour poursuivre la politique de subvention des prix des carburants. Il refuse d'adopter une loi sur le « contrôle de capital » pendant deux ans et demi, et laisse à la discrétion des banques le retrait des dépôts et leur transfert à l'étranger.

Les forces politiques agissantes ne peuvent pas faire l'objet de comparaisons avec des mouvements politiques habituels, libéraux ou radicaux. Elles négocient « à la pièce ». Leurs intérêts immédiats leur dictent leurs positions.[218]
Certaines d'entre elles, dont l'incompétence programmatique et politique est avérée, s'appuient sur leurs alliés comme unique ressource pour tenir sur l'échiquier politique.
Le député Hariri, désigné pour former un nouveau cabinet après la démission du cabinet Diab, attend un an entier, entre août 2020 et août 2021, l'aval de son acte par une puissance régionale du Golfe, avant de finir par renoncer à cette tâche.
Une troisième mouvance s'occupe à présenter au Parlement des législations qui suppriment les prérogatives de l'administration publique. Le cas de l'Administration des adjudications en est un exemple. Ses membres paraissent vouloir détruire les institutions publiques une à une, comme s'ils étaient mus par une haine profonde de l'idée d'État.
Les députés et ministres d'une quatrième mouvance agissent sur l'étendue de deux décennies en spectateurs, ignorant qu'ils ont une responsabilité morale de trouver des issues pour un peuple criblé de malheurs.
Les mouvances politiques acquises à l'idée que le Liban est l'objet d'une « occupation iranienne » paraissent être partie prenante de la « guerre froide arabe » en cours. Cette dernière est de retour après l'occupation américaine de l'Iraq et devient encore plus violente et destructrice après 2011.[219] Ces mouvances

---

218 Tarek Abboud, « Les majorités fictives du Liban, les oppositions de sable », *Post 180*, 15/ 3/ 2021.

219 Raymond Hinnebusch, "The Sectarian Surge in the Middle East and the Dynamics of the Regional States-System", *Tidsskrift for Islamforskning*, 13 (1), pp. 35-61, 2019.

semblent ne pas être concernées par apporter des réponses aux problèmes de l'intérieur.

2. STABILISER LE TAUX DE CHANGE POUR ASSURER UNE VIE DÉCENTE AUX LIBANAIS

2.1 L'expérience de flottement

L'élite politique, faite des membres du Parlement en association avec la Banque Centrale et les banques, décide durant les deux premières années de la crise d'acheter du temps, tout en niant qu'il y a crise. Les représentants des banques ne cessent de dire que la crise financière n'existe pas.
La Banque Centrale n'intervient pas tout au long de la première année de crise pour limiter les hausses du cours du dollar. Elle se contente d'assister en spectateur au jeu de l'offre et de la demande sur le marché des changes. Les observateurs n'avaient cependant de cesse de souligner que les applications sur les téléphones participent à la hausse de ce cours. Tous les responsables savaient que des pratiques criminelles avaient lieu à l'étranger et visaient à faire du tort aux Libanais.
Les observateurs assignent cependant une responsabilité directe à la Banque Centrale dans la hausse du cours du dollar, lorsque ce dernier augmente jusqu'à 8500 LL/$ en juillet 2020. Ce sont les achats massifs de dollars sur le marché qu'elle entreprend qui ont provoqué cette hausse. Les circulaires émises par la Banque Centrale, faisant obligation aux banques de constituer l'équivalent de 3 % de leurs dépôts en dollars chez leurs correspondants étrangers, sont considérées avoir porté ce cours à 12250 LL/$ en mars 2021. Les banques avaient acquis ces dollars sur le marché. La Banque Centrale est de nouveau accusée d'avoir haussé le cours du dollar en achetant des montants importants de cette monnaie en juin et juillet 2021. Elle aurait mis à profit la renonciation du président Hariri à vouloir former un gouvernement pour opérer des hausses du cours du dollar. Ce dernier atteint 23300 LL/$ à la mi-juillet.
Les achats de combustibles à partir de l'été 2021 sont considérés devenir la cause de la hausse du cours du dollar. Les interventions de la Banque Centrale pour limiter la hausse du cours du dollar après cette date, par le contrôle des liquidités en livres libanaises, ne sont pas convaincantes pour le public. C'est elle qui a multiplié par huit le volume des liquidités en circulation.

La Banque Centrale voit son attitude à l'égard du taux de change comme une affaire purement technique dans la gestion de la crise. Or, le seul but de cette gestion est d'effacer les pertes des banques et de la Banque Centrale. Et cela dans l'attente du rétablissement du modèle en cours et sa dépendance à l'égard des flux financiers extérieurs. C'est sur quoi les acteurs internes semblent miser. Ces flux paraissent être un don de l'étranger et une récompense que le Liban obtient en contrepartie de son positionnement régional et international. Pour les maintenir, il faut prendre position en politique étrangère de façon à ne pas les mettre en danger. Selon cette logique, les conditions du redressement sont politiques.

2.2 L'importance de stabiliser le taux de change à nouveau

L'approche néo-libérale voit que le maintien d'un taux de change flottant est la meilleure option à adopter.[220] Quand cela n'est pas faisable, elle propose l'adoption du système de « Conseil de la monnaie » (*currency board*), lequel s'appuie sur les deux idées de fixation du taux de change et de contrôle rigoureux de la création de monnaie. Elle accorde une place privilégiée à deux options qui ne donnent lieu qu'à des désastres.

L'expérience historique après la Deuxième guerre mondiale et avant la domination planétaire du néo-libéralisme, avait cependant consisté à fixer le taux de change. Ce qui a permis aux pays industriels, comme à ceux en développement, d'asseoir la stabilité financière et d'assurer leur développement dans ce cadre.

Les chercheurs trouvent que la meilleure option pour les pays en développement est d'adopter des « systèmes de taux de change fixes ajustables » (*adjustable pegged exchange rate systems*). Cette option nécessite cependant d'adopter un contrôle des mouvements de capitaux pour assurer la viabilité du système.[221] Les pays d'Asie qui avaient été épargnés par la crise grave de 1997 sont ceux qui avaient interdit les entrées et sorties de capitaux inscrites à la balance des mouvements de capitaux. Les activités autorisées étaient celles inscrites à la balance des opérations courantes, c'est-à-dire celles liées aux opérations

---

[220] Ha-Joon Chang and llene Grabel, "Exchange Rate and Currency Policies", in Chang and Grabel, *Reclaiming Development: An Alternative Economic Policy Manual*, London and New York, Zed Books, 2004, pp. 164-179, p. 166.
[221] Ha-Joon Chang and llene Grabel, "Exchange Rate..., p. 179.

d'importation et d'exportation et aux transferts des profits réalisés par les investisseurs étrangers.[222]
Le Liban a été victime d'une décision imprudente prise à la suite de la crise financière internationale en 2008. Elle a consisté à accepter l'entrée de 30 milliards de dollars en deux ans comme dépôts dans le secteur bancaire libanais. Cela équivaut à une « libéralisation des mouvements de capitaux ayant l'effet d'un choc ». La catastrophe que le Liban expérimente depuis 2019 est la conséquence de cette erreur grave.
Aucun responsable politique ne s'est exprimé pour dire que le taux de change est un prix stratégique dont dépend le niveau de vie des Libanais. Aucun n'est intervenu pour dire que la responsabilité de l'État est de le fixer pour contrôler les augmentations désordonnées des prix et sauvegarder le pouvoir d'achat des Libanais. Le FMI lui-même avait réclamé, à l'occasion de la préparation du plan de redressement du cabinet Hassan Diab, l'institution d'un taux de change de 3500 LL/$ seulement. Personne n'a posé la question de savoir pourquoi ce cours avait dépassé les 20000 LL/$ en 2021.
Le « mémorandum d'accord » signé par la délégation du FMI en avril 2022 dit qu'il faut adopter un taux de change unifié mais ne précise pas son niveau. Pourquoi alors ne pas revenir au taux de 3500 LL/$, du moment que ce cours ne donne pas lieu à des différends avec le FMI ? Si les intellectuels, et en particulier les économistes, avaient assumé leurs responsabilités et avaient insisté par des analyses et des communiqués de presse publiés l'un après l'autre, à réclamer la fixation du taux de change de cette façon, la situation n'aurait pas suivi un cheminement aussi désastreux.

3. CRÉER UN ORGANISME DE CONTRÔLE DE CHANGE

Il faut distinguer entre « contrôle de capital » et « contrôle de change ». Le premier était perçu comme une condition pour préserver la fixité du taux de change. Le « contrôle de change » consiste pour sa part à rationner l'usage des devises, tenant compte des priorités en termes d'importations de biens et de services et autres opérations avec l'étranger.[223] Créer un

[222] Ha-Joon Chang and llene Grabel, "Exchange Rate..., p. 171.
[223] Chacholiades Miltiades, *International Economics*, McGraw-Hill, 1990, p. 378-379.

« organisme public de contrôle de change » est le premier pas pour installer une administration publique interventionniste au Liban. Si ce dernier avait disposé d'un tel organisme avant 2019, le déficit de la balance des paiements n'aurait pas atteint les sommets qu'il a connus, et n'aurait pas causé le désastre dans lequel nous nous trouvons.

La Banque Centrale utilise des mesures de contrôle de change dans son activité quotidienne. Elle tient compte du caractère prioritaire de certaines opérations pour définir son concours. Son action ne s'appelle cependant pas de ce nom. Le FMI a réclamé lui aussi l'institution d'un « contrôle de change » bien que cela soit dans le cadre de la loi sur le « contrôle de capital ».

Une administration indépendante de la Banque Centrale devra être créée et faire usage de tous les apports de la pratique contemporaine de contrôle de change. Et comme les dépenses d'importation ont été réduites pour devenir presque équivalentes aux remises des émigrés, cela aura pour effet de limiter la demande excédentaire de dollars et contribue de la sorte à la fixation du taux de change.

Tous les pays ont recours au rationnement de l'usage des devises quand ils traversent des situations graves. L'exemple le plus récent est celui de la Russie se préparant économiquement à faire face à l'éventualité d'entrer en guerre. Elle opère : (1) une fixation du taux de change, à travers l'institution d'un contrôle de l'offre et de la demande de la monnaie nationale et des devises étrangères. La valeur de chaque unité de monnaie nationale est fixée en or, et les acquisitions de cette monnaie sont favorisées par son emploi comme monnaie de règlement pour les ventes de gaz à l'étranger ; (2) le contrôle de la demande de monnaies étrangères en interdisant leur achat sur le marché domestique, la fixation d'un plafond aux transferts de capitaux à l'étranger et la limitation partielle des importations et du tourisme. Le tourisme en Europe est suspendu ; (3) l'augmentation de l'offre de devises étrangères, en faisant obligation aux exportateurs de rapatrier 80 % de leurs recettes d'exportation et de les vendre sur le marché local. Les recettes des exportations de gaz ont été estimées à 292 milliards d'euros en 2022 ; (4) l'institution d'obstacles sur les mouvements de capitaux et l'interdiction faite aux entreprises de distribuer des dividendes. Ces dernières représentent 150 à 160 milliards de dollars par an ; (5) la subvention de l'investissement productif, par l'octroi de sommes énormes aux entreprises, dont 80 milliards de roubles dernièrement.[224]Les sanctions américaines à son égard qui se sont succédé ces dernières années ont favorisé sa démarche de création d'industries de rechange.[225]Le taux de change du rouble s'est apprécié par rapport au dollar et à l'euro, passant de 150 roubles / $ à 76 roubles / $.

4. EXÉCUTER UN PROGRAMME D'INVESTISSEMENT GOUVERNEMENTAL DANS LES INFRASTRUCTURES ET LA PRODUCTION DE BIENS TECHNOLOGIQUES

Le soulèvement du 17 octobre 2019 n'a pas donné lieu à un débat sur l'alternative en termes de développement et sur la façon de faire face à la crise. Les discussions au sujet de la formation du cabinet Diab ont pris un temps très long.

Un texte intitulé « Un programme économique mis à la disposition des activistes du soulèvement du 17 octobre », paru durant la période d'attente du cabinet Diab, n'a donné lieu à aucun débat.[226] Le plus important dans ce programme est que l'État établisse un budget public d'investissement à mettre immédiatement en œuvre. Et cela en lançant le chantier d'élargissement de l'autoroute de la côte entre Jounieh et Tabarja pour donner la preuve que le gouvernement est capable de réaliser. À ce chantier devait s'ajouter la mise en route de la construction de trois zones industrielles géantes dans le cadre du Grand-Beyrouth. Elles doivent recevoir les établissements industriels nouveaux qui se chargeront de produire des biens de capital ou des biens technologiques. Le programme suggérait qu'il faut tourner le dos à la crise financière en cours et accorder au programme gouvernemental d'investissement une priorité absolue.

L'exécution d'un tel programme aurait cependant nécessité de créer des institutions publiques nouvelles comme le « Conseil national de planification centrale » pour orienter les dépenses publiques dans les infrastructures et dans la production de biens technologiques. La création de ces institutions publiques

---

[224] « La Russie surmonte la crise », *Al-Akhbar*, 9/ 4/2022.

[225] Michael Hudson, « L'empire américain qui s'auto-détruit », *Al-Akhbar*, 28/ 3/ 2022.

[226] Albert Dagher, « Un programme économique mis à la disposition des activistes du soulèvement du 17 octobre », *Al-Akhbar*, 9/ 12 / 2019.

nouvelles devrait respecter les conditions de création de l'administration publique moderne. C'est-à-dire qu'elle doit se faire en dehors de la volonté des leaders politiques, et que ses membres soient recrutés par des concours nationaux. Ces concours doivent être confiés à un Conseil nouveau de la Fonction publique. Le Liban ne peut pas espérer avoir un avenir meilleur si l'administration publique n'a pas été mise à l'écart des interférences des leaders politiques, et qu'elle n'eut été épurée de leurs clients.

Chapitre 10- Récapitulation [227]

La récapitulation des faits retrace leur évolution à partir de septembre 2019, quand les banques annoncent leur incapacité à continuer à financer les importations. Elles vont faire l'objet, le mois suivant, d'une « ruée » (*run*) des déposants désirant récupérer leur argent.

À rappeler que la crise commence lorsque l'équipe du FMI en mission au Liban publie son rapport le 11 février 2018, où il est dit que le Liban ne peut plus soutenir le maintien de la fixité du taux de change en cours. Une crise de confiance dans la monnaie nationale commence après cette date, et s'exprime à travers les sorties de dépôts du secteur bancaire. La fuite des capitaux s'accélère dès l'automne 2018 et prend une allure grave dans le courant de 2019. Et ce jusqu'à l'annonce par les banques, en septembre 2019, qu'elles ne disposent plus de liquidités en dollars et qu'elles cessent de financer les importations. *Ce qui s'est donc produit au Liban est une crise de fuite de capitaux à laquelle donne lieu le rapport publié par le FMI en février 2018.*

Ce qui arrive ensuite est que les banques et l'élite politique représentée par le Parlement refusent de reconnaître qu'il y a une crise. La Banque Centrale utilise alors les réserves en devises accumulées depuis plusieurs années pour financer les importations de combustibles et autres biens pour que les choses restent inchangées pour les résidents.

Le gouverneur de la Banque Centrale annonce de son côté, le 11 novembre 2019, qu'il n'y aura pas de faillites dans le secteur bancaire. Soit que le *déni d'existence d'une crise*, c'est-à-dire d'une faillite des banques qui s'exprime *par la cessation de paiement par ces dernières ou leur refus de donner réponse aux déposants désirant retirer leurs dépôts*, et la volonté de gagner du temps, représentent la riposte de la Banque Centrale, des banques et de l'élite politique à ce qui se passe au Liban.

1. Le renflouement des banques par la Banque Centrale

La deuxième initiative mise en avant par le gouverneur de la Banque Centrale, plusieurs mois après le début de cessation de

[227] Publié une première fois sous le titre : « Pour une approche différente de faire face à la crise financière », *Al-Akhbar*, 7/ 11/ 2022.

paiement par les banques, est de commencer à remplacer les dépôts en dollars que les déposants désirent retirer par des livres libanaises, au taux de change de 3900 LL/$ au lieu de 1500 LL/$. Cela à partir du mois d'avril 2020 (circulaire 151).
La Banque Centrale aurait donc enclenché un processus permettant de se défaire des dépôts en dollars que les banques ne pouvaient plus rendre dans la monnaie d'origine, en les transformant en livres libanaises et en les réglant de cette manière.
Il a fallu pour cela imprimer de la monnaie en papier nouvelle, faisant passer le volume de cette monnaie en papier de 5561 milliards de livres libanaises durant l'été 2019, à 69797 milliards de livres libanaises à la mi-octobre 2022.[228] Ce qui équivaut à une multiplication de leur volume par 12,5 fois.
Les déposants avaient eu un autre moyen de récupérer une part de leurs dépôts en dollars perdus, en achetant des biens immobiliers auprès des développeurs qui se sont endettés auprès des mêmes banques. Le montant total de ces achats s'élève à 15 milliards de dollars en 2020.
Nous pouvons dire *pour récapituler, qu'il y a eu une crise de fuite des capitaux provoquée artificiellement, qui a amené les banques à cesser de restituer les dépôts, soit à faire faillite, et que la Banque Centrale et l'élite politique ont refusé de reconnaître qu'il y a faillite*. La Banque Centrale a mis en avant une démarche de renflouement des banques, en transformant les dépôts en dollars en livres libanaises lesquelles étaient offertes aux déposants en remplacement de leurs dollars.

2. La suspension de la subvention des combustibles

Le mois de juin 2021 assiste au passage de la crise à un stade nouveau, bien plus sévère pour les Libanais. Le gouverneur de la Banque Centrale n'avait cessé de mettre le gouvernement et l'élite politique en garde qu'il cesserait de subventionner les prix des combustibles lorsque les réserves sur lesquelles il s'appuie s'épuisent.
C'est ce qui arrive à la fin du mois de juin 2021. Cela occasionne une rareté dans les combustibles mis à la disposition des consommateurs. Les files d'attente devant les stations d'essence persistent jusqu'au mois d'août. Elles ne prennent fin que lorsque

---

[228] « Les sauts de la masse monétaire en livres libanaises », *Al-Akhbar*, 20/ 10/ 2022.

le prix de l'essence a augmenté de 8 fois et celui du mazout de 9 fois. À la fin du mois d'août, les prix des produits alimentaires avaient augmenté de 18 fois en comparaison avec leur niveau de 2019. Les prix de l'électricité offerte par les générateurs privés augmentent de leur côté de 8 fois. Tout cela alors que les salaires n'avaient pas bougé.

3. La formation du cabinet Mikati

La formation du cabinet Mikati a lieu le 10 septembre 2021, après qu'une année entière se soit écoulée sans gouvernement par incapacité du président Hariri à le former tout au long de l'année en question.
La détérioration de la situation des Libanais va s'accélérer sous le gouvernement nouveau. Entre l'été 2021 et le mois d'avril 2022, date des élections législatives, il y a aggravation de la situation consistant à affamer les Libanais.

4. Le rôle du taux de change comme locomotive

Tout au long de la période de crise, c'est l'effondrement du taux de change qui est la locomotive qui tire derrière elle les autres variables, et les prix en particulier. Le cours du dollar atteint 2000 LL/$ fin 2019, 4 mois après le déclenchement de la crise. Il augmente jusqu'à 23300 LL/$ en juillet 2021. Il retombe jusqu'à 14000 LL/$ en septembre à la nomination du cabinet Mikati, pour reprendre son ascension dans les mois suivants. Il atteint un sommet de 34 000 LL/$ en janvier 2022. Il est en décembre 2022 de 43 000 LL/$.
Les observateurs ont noté que ce sont les achats de dollars par la Banque Centrale sur le marché libre qui ont haussé le cours jusqu'à 8 500 LL/$ en juillet 2020. Les banques ont été considérées comme responsables de la hausse jusqu'à 12 250 LL/$ en mars 2021. Elles se sont adressées au marché pour obtenir les dollars dont elles avaient besoin pour appliquer la circulaire de la Banque Centrale n°154. Puis les achats de dollars par la Banque Centrale sur le marché ont été rendus responsables de la hausse jusqu'à 23 300 LL/$ en juillet 2021. Les observateurs notent que la baisse du cours en septembre 2021, à l'arrivée du cabinet Mikati, jusqu'à 14 000 LL/$ ne pouvait pas être maintenue, à cause du désengagement de la Banque Centrale à

assurer des dollars pour les importations, et l'obligation faite aux importateurs de s'adresser au marché pour les avoir.
Soit que les trois parties responsables de la hausse du cours du dollar sont les banques, la Banque Centrale et les importateurs de combustibles. Il y avait un rôle très important joué par *les utilisateurs d'applications sur les téléphones* à ce niveau. Le gouverneur de la Banque Centrale accuse ceux-là d'avoir provoqué les hausses de fin 2021. D'autres observateurs soulignent que les manipulations du cours du dollar, soit sa hausse, avaient lieu dans des ambassades de pays étrangers en dehors du Liban.

5. Les effets sur la population

Le PNB chute de 54 milliards de dollars en 2019 à 14,1 milliards en 2022.[229] Le pouvoir d'achat des salaires aura chuté de 95 %, lorsque le taux de change a atteint 30 000 LL/$. Soit que les Libanais ont été amenés à vivre avec 5 % de leur pouvoir d'achat antérieur. Les observateurs des institutions internationales ont eux-mêmes souligné qu'il n'y a pas eu d'équivalent à cette crise dans le monde, en termes de virulence, depuis le dix-neuvième siècle.
Avant les élections de mai 2022, les prix des produits alimentaires avaient augmenté en comparaison avec 2019 de 29 fois, après que cette augmentation eut été de 18 fois en septembre 2021. Les prix de l'essence ont augmenté de 16 fois, ceux du mazout de 22 fois, et ceux de l'électricité fournie par les générateurs de 15 fois, soit un doublement du niveau qui était le leur lors de la nomination du cabinet Mikati, 9 mois plus tôt.
L'amélioration du transport public avait été envisagée lors du cabinet Diab pour permettre aux Libanais de se déplacer au travail à un moindre coût. On avait dit aussi qu'une indemnité de transport allait leur être octroyée. On avait dit aussi que la fourniture de gaz et d'électricité par l'Égypte et la Jordanie allait augmenter la part de l'État dans l'offre d'électricité à un moindre prix. Rien de tout cela n'a pu avoir lieu.
Les fonctionnaires des administrations publiques et du secteur public ont cessé d'aller à leur travail. Un accord a pu être établi avec eux, stipulant qu'ils se rendront un jour par semaine à leurs bureaux pour assurer les services fournis aux citoyens.

[229] Mohammad Wehbé, « Le budget de 2022 », *Al-Akhbar*, 27/ 9/ 2022.

L'Université libanaise a fermé ses portes. Le travail des tribunaux a cessé, faute de papier et de fournitures de bureaux, avant que les juges n'entament une grève de longue durée.
Dans le projet de budget de 2022, les salaires représentaient le quart des sommes affectées par ce budget au paiement des intérêts sur la dette publique au profit des banques. Tout ce dont les fonctionnaires de l'État bénéficient est une « aide sociale » à partir de septembre 2021. Elle équivalait au départ à la moitié d'un salaire et devient ensuite un salaire entier. Le Parlement approuve, lors du vote du projet de budget de 2022 le 26 septembre, le principe de multiplication du salaire par trois, avec suppression de l'« aide sociale ». Mais avant que les fonctionnaires ne touchent cette augmentation, le prix du dollar monte jusqu'à 40 000 LL/$ au cours du mois d'octobre, effaçant de la sorte l'effet de la majoration décidée du pouvoir d'achat.
Aussi y a-t-il une génération entière de Libanais jeunes qui sont déjà à l'étranger, ou qui s'apprêtent à quitter définitivement leur pays. Tout ce que le pays avait accompli en termes de croissance démographique après 1990 disparaît par l'émigration de masse. Les politiciens et les responsables ont continué pendant ce temps à violenter un peuple dont l'avenir est hypothéqué.

6. Les corps constitutionnels face à l'effondrement

L'impotence des responsables a été le fait marquant des trois années de crise. Comment les trois corps constitutionnels qui sont le Parlement, le Conseil des ministres et la présidence de la République se sont-ils comportés ?
Le Parlement maintient un mutisme total tout au long de la période d'effondrement. Pas un seul député ne vient à proposer une approche alternative pour faire face à ce dernier. Le Parlement se considère comme n'étant pas concerné par le désastre économique et social en cours. Il ne prend pas une seule fois position en faveur du collectif des Libanais qui sont en train d'être affamés. Sa position en août 2021, quand il refuse de voter une loi qui autorise l'usage des réserves de la Banque Centrale en dollars aussi bien qu'en or, pour maintenir la subvention des prix des combustibles, résume son attitude.

Le cabinet Diab avait considéré qu'il n'avait pas d'obligation en dehors de celle consistant à superviser l'application du projet de

réforme qu'on avait préparé pour lui. Le plus important dans ce projet étant que les banques assument les conséquences de leur gestion du secteur. Lorsque les banques et l'élite politique font opposition à ce projet, avec le Premier ministre mis au courant de cela dans la réunion du « Conseil supérieur de la défense » de juin 2020, il n'était plus en mesure de proposer une alternative.
Un an entier passe après la nomination du président Hariri pour constituer un nouveau gouvernement sans que cela se produise. Le cabinet Diab assure pendant tout ce temps l'intérim avec des réalisations égales à zéro.
Le gouvernement Mikati ne parvient à avoir le moindre succès dans les dossiers qu'il propose comme prioritaires. L'offre d'électricité produite par l'EDL ne s'est pas améliorée. Au contraire, cette offre s'est réduite à une heure par jour. Les Libanais ont continué à payer des sommes aux générateurs privés qui augmentaient chaque mois au rythme des augmentations du cours du dollar.
Les professeurs contractuels de l'Université libanaise font grève pendant un hiver entier pour faire pression pour être cadrés. Le président Mikati trouve qu'il peut se passer de la contribution de 1500 professeurs ayant obtenu leurs doctorats en Occident, les poussant de la sorte à quitter le Liban définitivement.
Après les élections d'avril 2022, le cabinet Mikati exerce le pouvoir par intérim. Son président décide alors qu'il n'a plus besoin de réunir des conseils ministériels. Il se contente de réunions avec chaque ministre à part sur les questions qui intéressent son ministère. L'« accord de Taëf » avait concentré le pouvoir entre les mains du Premier ministre lequel, s'il décide de démissionner, les ministres rentrent chez eux. Aucun ministre ne propose un projet ou une démarche conférant de la crédibilité à sa présence au pouvoir. Mais la paralysie totale du pouvoir exécutif ne peut pas être dissociée de l'état de « vide administratif » total qui caractérise l'administration publique depuis bien avant le déclenchement de la crise.

La présidence de la République paraît n'être concernée que par les dossiers qui assurent des bénéfices au courant politique du président. Les conseils des ministres au temps du cabinet Diab ne se réunissaient que pour faire passer les nominations administratives réclamées par ce courant. La présidence ne prend pas une seule initiative qui dénote une solidarité avec les Libanais dans leur combat mortel.

7. Le programme alternatif

Le programme alternatif tient en trois points : stabiliser le taux de change, créer un « organisme de contrôle de change » et mettre en œuvre un programme d'investissement public.
Ainsi faut-il, pour sortir de cette situation misérable, opérer une rupture totale avec les agissements de l'élite néo-libérale libanaise et son attitude criminelle à l'égard du Liban. Et cela nécessite d'abord, de *remplacer les responsables de ce désastre* et d'abandonner leur manière de le gérer et de ne plus leur confier la moindre responsabilité.

STABILISER LE TAUX DE CHANGE

La hausse du cours du dollar est la cause principale de cette crise qui broie un peuple entier et détruit sa société et son État.
Tout le monde se doute que la plupart des hausses du dollar sont provoquées artificiellement et que ceux qui les provoquent le font comme moyen pour aggraver la situation. La Banque Centrale joue un rôle principal et direct dans la fixation de ce cours. Et lorsque les applications sur les appareils de téléphone interviennent pour faire hausser les cours, elle assiste à cela et ne bouge pas le petit doigt.
La Banque Centrale et les banques bénéficient directement de la hausse du cours du dollar. Chaque fois que ce prix augmente, cela a pour effet de réduire leurs dettes en livres libanaises quand elles sont traduites en dollars. Autrement dit, si la hausse du cours du dollar a réduit le pouvoir d'achat des salaires dans une proportion de 95 %, cette réduction a aussi touché la valeur des dettes et des engagements des banques et de la Banque Centrale.
Les Libanais assistent, paralysés, à ce mécanisme de marché de fixation du cours du dollar. Ils croient que c'est la seule façon de déterminer ce cours et qu'il n'y a pas d'alternative à cela. Ce qui a ancré cette conviction chez eux est le néo-libéralisme dominant qui pousse à se fier aux forces du marché en tout.
Aucune mouvance politique et aucun membre du Parlement ne se sont prononcés pour qualifier cette démarche de criminelle et pour proposer un autre mécanisme pour établir le prix du dollar.
Tout au long de la période postérieure à la Deuxième guerre mondiale et jusqu'au début des années 1980, la fixité du taux de change était la règle dans tous les pays du tiers-monde. C'est la

libéralisation des mouvements de capitaux après cette date, imposée partout dans le monde par le néo-libéralisme, qui enclenche des crises graves dans les différents pays en développement. Ces crises ont été les conséquences directes des fuites de capitaux et de l'effondrement du taux de change. Les travaux publiés en commun par Ilene Grabel et Ha-Joon Chang rappellent l'expérience d'après-guerre et justifient la proposition de retour à la fixité du taux de change.

CRÉER UN « ORGANISME DE CONTRÔLE DE CHANGE »

Il faut, en deuxième lieu, *créer des institutions publiques nouvelles* et placer les questions économiques entre leurs mains. Sans ces institutions nouvelles, il ne sera pas possible de modifier en quoi que ce soit la situation au Liban.

Le gouverneur de la Banque Centrale a, tout au long des années de la crise, assumé la responsabilité de la gérer. Et cela face à la paralysie des Libanais, leur affolement et le refus de leurs élites d'exprimer la moindre prise de position.

Pour faire face à cette crise, il faut transférer la responsabilité aux mains d'un organisme public nouveau qui est « l'organisme de contrôle de change », formé de gens compétents qui auront été recrutés par des concours nationaux.

La tâche de cet organisme serait de stabiliser le taux de change et de fixer des priorités en termes d'importations, soit de les rationner, de façon que leur valeur soit équivalente à celle des remises transférées de l'étranger par les Libanais. La stabilisation du taux de change aura lieu si « l'organisme de contrôle de change » assure la conformité du volume des importations au volume des remises des émigrés libanais.

Toutes les balivernes qui ont accompagné l'expérience du Liban depuis 1948 sur « la liberté économique » et la « libre entreprise » ont interdit à ce que l'État puisse disposer d'organismes qui exercent un contrôle sur le mouvement des importations et sur le mouvement des capitaux. Cela a conféré au secteur privé une liberté absolue à ce niveau, avec une ignorance totale de la part de l'État et de ses dispositifs administratifs de ce qui se passe.

Et si le Liban avait pu disposer d'un « *organisme de contrôle de change* » après 2011, lorsque le déficit de la balance des paiements commençait à apparaître de façon répétitive, cela aurait permis de contrôler depuis cette époque les importations et aurait permis d'empêcher l'effondrement catastrophique qui a fini par avoir lieu.

METTRE EN ŒUVRE UN PROGRAMME D'INVESTISSEMENT PUBLIC

Le rôle de l'État ne doit pas se limiter à la stabilisation du taux de change. Il faut que sa présence puisse acquérir une efficacité nouvelle bien plus grande qu'avant. Cela à travers l'adoption d'un *budget public d'investissement* et sa mise immédiatement en application.
Ce budget d'investissement doit avoir deux buts précis : les infrastructures et la création d'industries nouvelles produisant des biens technologiques pour l'exportation. Le plus important dans le volet des infrastructures, est de mettre les projets qui le composent immédiatement en exécution, pour que tout le monde puisse les voir, et constater que l'État est capable d'agir et de réaliser.

UN PROGRAMME AU SERVICE DU PEUPLE

Le seul programme alternatif qui mérite le respect est celui qui soutient le peuple opprimé du Liban. Sa priorité doit être le maintien de l'existence de ce dernier. Il doit mettre tout en œuvre pour atteindre cet objectif.
L'État devra consacrer les dollars de la Banque Centrale et l'or qu'elle possède pour assurer la poursuite de la subvention des prix des combustibles. Soit qu'il est possible de *résumer le programme alternatif en trois points* : rétablir la subvention des combustibles, créer un « organisme de contrôle de change » pour rationner les importations et stabiliser le taux de change de la livre libanaise, et mettre en œuvre un programme public d'investissement portant sur les infrastructures et la production de biens technologiques.

CELA NÉCESSITE DE CRÉER UNE ADMINISTRATION PUBLIQUE NOUVELLE, CONTRE LA VOLONTÉ DES POLITICIENS

La mise à exécution d'un tel projet nécessite de créer une administration publique nouvelle. On ne peut plus aller nulle part avec une administration où les vacances ont atteint le niveau qui est actuellement le leur. Il n'est plus possible de remettre à plus tard la création des institutions de prise de décision économique, surtout celles qui n'ont jamais existé dans l'expérience

contemporaine du Liban. L'existence de ces institutions est devenue une question de vie ou de mort pour le Liban.
L'étranger acceptera-t-il l'arrivée d'un Premier ministre et d'un cabinet qui mettent à exécution un tel projet ? Les politiciens accepteront-ils que les nominations soient arrachées de leurs mains de façon à permettre à l'administration publique de fonctionner indépendamment d'eux ?
Et si les Libanais trouvent que le programme qui vient d'être défini, avec ce qu'il comporte comme création d'organismes publics nouveaux et indépendants, répond à leurs attentes, et si l'élite politique s'oppose à ce programme et à l'administration indépendante qui doit le mettre en exécution, les politiciens donneront alors la preuve qu'ils sont le premier ennemi des Libanais.

Chapitre 11- Le renflouement des banques détruit le Liban[230]

Comment l'élite politique fait face à ses obligations constitutionnelles, comment elle se comporte face aux programmes du Fonds Monétaire International et comment le cours du dollar augmente sur le marché de Beyrouth ? Ce sont les trois causes de la vie misérable des Libanais à l'heure actuelle. L'insistance à vouloir supprimer les pertes du système bancaire – Banque Centrale et banques commerciales – pousse le cours du dollar vers le haut sans arrêt. Cela fait que la situation se détériore de manière catastrophique.

1. DANS L'ATTENTE DES ÉLECTIONS LÉGISLATIVES ET DE L'ÉLECTION D'UN NOUVEAU PRÉSIDENT

1.1 Les élections

Réaliser les élections législatives a paru être un objectif d'une grande importance pour les Libanais. Ces élections sont perçues comme pouvant atténuer les pressions féroces dont ils sont l'objet. Ce dont ils souffrent depuis 2019 avait pour motif de provoquer une modification de la composition du Parlement voulue par les acteurs externes et internes. Les élections n'ont pas abouti à une victoire ferme d'aucun des deux camps définis auparavant comme étant ceux du 8 mars et du 14 mars. Le Parlement devient, après les élections, un rassemblement de groupes parlementaires qui ne peuvent pas produire une majorité ferme au sein de l'Assemblée. Les parlementaires nouveaux qualifiés « de la transformation » paraissent être incapables de pousser vers un changement d'aucune sorte. Ils n'ont rien qui les distingue des députés de l'oligarchie traditionnelle.

1.2 Le combat pour les positions

Le cabinet Mikati devient, après la fin des élections, un gouvernement intérimaire en attendant la fin du mandat du président de la République. Le président Mikati est chargé de nouveau de constituer un gouvernement. [231] Les mois qui

---

[230] Texte paru dans *Al-Akhbar*, 22/ 5/ 2023.
[231] Nicolas Nassif, « Aoun-Mikati : le gouvernement à tordre le bras », *Al-Akhbar*, 19/ 7 2022.

précèdent et suivent la fin du mandat présidentiel sont celles de querelles pour modifier la composition du Conseil des ministres existant. Elles ont pour but de raffermir les positions de ceux qui y prennent part. Elles n'expriment aucune divergence entre eux quant aux programmes économiques ou mesures de réforme à mettre en œuvre. Ces querelles se soldent par le maintien du gouvernement tel qu'il est, c'est à dire « un cabinet de technocrates non politique ».[232] C'est comme s'il n'y avait pas eu d'élections.

À la fin du mandat présidentiel commence une période de vacance du poste de président. Elle est la quatrième depuis 1988. Elle avait duré, à cette date, 14 mois. Sa durée a été de 6 mois en 2007, et de deux ans et demi en 2014. Elle se maintient à présent depuis la fin octobre 2022. Tout au long des trois décennies dernières, l'élection d'un président ne s'est pas faite dans des conditions normales. Elle avait été associée soit à un assassinat du président élu, soit à un amendement de la Constitution pour prolonger le mandat du président sortant. Elle a donné lieu à l'élection de personnes contrevenant au texte de la Constitution, et a été accompagnée d'une détérioration de l'état de sécurité du pays. Elle s'est faite enfin au bout de vacances où les communautés confessionnelles ont refusé d'accorder leur confiance à la personne qui se présente ou ont boycotté le vote.[233]

Le Liban est de la catégorie des petits pays ayant une position géopolitique qui fait de lui une sphère d'influence pour les puissances externes. C'est un État pénétré dont l'élite est dépendante de l'extérieur et inféodée à lui. L'extérieur réclame des modifications qui touchent aux politiques et aux programmes que le gouvernement doit adopter. Les partenaires internes réclament que leur voix soit entendue par leurs souteneurs externes.[234]

---

232 Nicolas Nassif, « Le gouvernement d'avant les élections », *Al-Akhbar*, 11/ 6/ 2022.

233 Nicolas Nassif, « Les derniers jours du mandat : qui gère la vacance, le gouvernement ou l'anarchie », *Al-Akhbar*, 25/ 10/ 2022.

234 « Le silence saoudite continue et confusion chez les alliés de Frangié », *Al-Akhbar*, 3/ 5/ 2023.

1.3 L'exercice par le gouvernement de ses fonctions

Les belligérants en conflit s'accordent à ce que le gouvernement intérimaire ne remplace pas le président de la République dans ses fonctions après la vacance du poste. Cela dans l'attente de l'élection d'un nouveau président. Certains d'entre eux refusent que le gouvernement fasse des réunions d'aucune sorte. Ces réunions sont donc très limitées. Elles se réduisent à deux. La première en décembre, pour établir un dispositif de financement des coûts des maladies incurables, une subvention des dépenses de transport, et l'augmentation des traitements de certaines catégories de fonctionnaires dans le secteur public.[235] La seconde est tenue en avril 2023 pour augmenter les traitements des fonctionnaires du secteur public.[236]

Dans toutes les mesures qu'il adopte, le gouvernement s'inspire de l'approche du Fonds Monétaire International, réclamant de contrôler les dépenses publiques et d'augmenter les recettes publiques. Aucun horizon n'existe donc pour la politique économique en dehors de ce qui est reconnu comme étant la démarche du FMI.

Tout le monde s'attend à ce que la situation du pays s'améliore à la faveur d'un consensus externe au sujet du Liban. Ce qui advient ensuite est une amélioration du taux de change de la livre libanaise et un retour des capitaux au Liban. Tout le monde table sur cela pour que les gens récupèrent leur pouvoir d'achat perdu et pour éviter aux banques d'avoir à déclarer leur faillite. Soit que le contenu de cet attentisme est que la situation se rétablisse et que les choses reviennent à leur état initial sans qu'il y ait besoin d'opérer une réforme économique ou une réforme de l'administration publique d'aucune sorte.

2. L'ÉVOLUTION DE LA RELATION AVEC LE FMI

L'influence du FMI reste évidente à deux niveaux. À travers ses négociations avec le gouvernement à propos d'un panier de réformes à mettre en œuvre, d'abord. Il avait en effet repris ses pourparlers avec le Liban sur l'invitation du cabinet Mikati. Un

---

235 « Des mesures non urgentes adoptées par le gouvernement », *Al-Akhbar*, 8/ 12/ 2022.

236 Bassima Attwi, « Le financement de la majoration », *Nidaa Al watan*, 20/ 4/ 2023.

accord de principe résumant ce sur quoi les deux côtés se sont mis d'accord a été signé par eux en avril 2022. Ensuite, par l'adoption par le gouvernement des positions du FMI sur le contrôle des dépenses publiques et l'augmentation des recettes publiques, comme souligné plus haut.

2.1 Le panier des réformes

L'accord d'avril 2022 a comporté cinq points : l'audit des opérations de la Banque Centrale, l'adoption d'une loi de « contrôle du capital », l'approbation par le Parlement du projet de budget de 2022, l'introduction de modifications à la « loi sur le secret bancaire » et l'adoption de la loi de restructuration du secteur bancaire.

Le jugement porté par le FMI sur l'état d'avancement de ces réformes peut être déduit des déclarations des représentants du FMI en septembre 2022, de celles faites après la rencontre de ces derniers avec des députés libanais venus les voir à Washington et du rapport de la mission du FMI de mars 2023. La conclusion faite par les représentants du FMI est que les autorités au Liban ne collaborent pas assez avec lui et qu'elles tardent à exécuter les points sur lesquels il y a eu accord.[237]

La « loi sur le secret bancaire » paraît être le domaine où il y a eu le plus de progrès. Le Parlement vote en effet des amendements à cette loi, permettant au corps judiciaire de réclamer la levée du secret bancaire sur les comptes de ceux qu'il interroge. L'invocation de cette loi permettait avant ces amendements aux banques de ne pas communiquer des informations sur les comptes de ceux-là.[238] Après l'introduction de ces amendements, le corps judiciaire a pu obtenir des informations auprès de plusieurs banques.[239]

La nécessité de voter une loi de « contrôle du capital » qui interdit la sortie des capitaux a été ignorée lors de l'éclatement de la crise à l'automne 2019. Cela a permis de laisser toutes les décisions à ce niveau à la discrétion des banques. Un désaccord fondamental opposa ensuite les représentants du FMI aux banques sur le

---

[237] Roula Ibrahim, « Le FMI : un flou qui couvre le programme de réforme », *Al-Akhbar*, 22/ 9/ 2022.

[238] Roula Ibrahim, « Des réformes qui n'ont pas modifié « le secret bancaire » : les lois du Parlement formulées « à la légère », *Al-Akhbar*, 1/ 11/ 2022.

[239] « Aoun et les 15 banques », *Al-Akhbar*, 16/ 2/ 2023.

contenu de cette loi. Le FMI y voyait un dispositif pour contrôler les importations et interdire l'usage des devises d'une façon qui prive le Liban de sa capacité à respecter ses engagements en faveur de ses créanciers externes, dont le FMI. Les banques deviennent par la suite de plus en plus soucieuses de la voter, à mesure que les pressions sur elles augmentent de la part des déposants. Elles réclament d'y inclure des clauses qui interdisent à ceux-là, en particulier ceux résidant à l'étranger, de poursuivre les banques qui retiennent leurs dépôts. Autrement dit, les banques veulent en faire le moyen de bloquer les poursuites dont elles peuvent être l'objet dans le passé, le présent et l'avenir.[240]

Comment restructurer le secteur bancaire reste le domaine où le différend est le plus important entre les banques et le FMI. Agissant selon la règle de « la hiérarchie des responsabilités », le FMI insiste à ce que les banquiers assument la responsabilité de leur gestion du secteur. C'est-à-dire qu'ils reconnaissent qu'il y a des dettes irrécupérables et des dépôts à supprimer, jusqu'à annoncer la faillite d'un certain nombre de banques. C'est cela que le gouverneur de la Banque Centrale, les banques et l'élite politique, refusent d'admettre. Tout cela sous le prétexte de protéger les droits des déposants. Tous ces derniers insistent à poursuivre la démarche mise en route depuis avril 2020 consistant à restituer les dépôts à leurs propriétaires en livres libanaises, avec ce que cela impose en termes de création de liquidités nouvelles dans cette monnaie et d'inflation catastrophique. Cette démarche est censée devoir donner lieu à la création de 695 mille milliards de livres libanaises en 15 ans.[241]

D'autres intéressés élaborent une démarche qui consiste à faire supporter à l'État la charge de restituer les dépôts à leurs détenteurs, en créant une caisse publique pour gérer un certain nombre d'institutions publiques et l'usage de leurs recettes à cet effet. Le président Mikati n'était pas contre cette option.[242] Le FMI n'était pas, de son côté, opposé à cette option, bien qu'il ait

---

240 Roula Ibrahim, « Le « capital control » : mentir et mentir », *Al-Akhbar*, 15/ 12/ 2022.

241 Mohammad Wehbé, « Mikati fait appel à l'équipe de « Lazare » pour modifier le parcours », *Al-Akhbar*, 4/ 2/ 2022.

242 Roula Ibrahim, « Mikati remet en question l'accord avec le FMI », *Al-Akhbar*, 1/ 7/ 2022.

insisté à ce que les banquiers assument les conséquences de leur gestion de ce secteur.[243]

Dans la rencontre qui voit se réunir des responsables du FMI avec des députés libanais à Washington, le représentant de cette institution annonce que le Liban n'a pas respecté ses engagements dans les trois domaines susmentionnés.[244] Aussi le FMI rappelle-t-il, dans le rapport de sa mission au Liban en mars 2023, le principe de « la hiérarchie des responsabilités » et qu'il sera impossible d'aller plus loin sans reconnaître les pertes du système bancaire avec ce que cela implique comme faillites devant frapper un certain nombre de banques.[245] Il paraît avoir renoncé à fournir un effort pour parvenir à un accord avec le Liban. Le FMI offre à la place de cela une feuille de route qu'il met à la disposition des responsables libanais. Elle comporte des propositions pour mobiliser des recettes fiscales nouvelles dans le budget de 2023, reconnaître les pertes des banques et de la Banque Centrale avant de procéder à une recapitalisation des banques éligibles, et imposer des contrôles sur les mouvements des capitaux de façon à protéger les ressources du Liban en devises étrangères. Le FMI n'oublie pas d'inclure une clause portant réforme du système des retraites de façon à réduire les dépenses publiques et à alléger les dépenses sociales de l'État.[246]

2.2 L'abandon de la subvention des prix et le relèvement des tarifs publics

Les mois qui précèdent les élections législatives et les suivent assistent à des initiatives prises par la Banque Centrale pour abandonner les mécanismes de soutien des prix des biens et des services qui étaient encore là, et à des initiatives de la part des différents ministères pour améliorer leur aptitude à assurer plus de recettes publiques.

La Banque Centrale cesse progressivement d'assurer des dollars pour importer l'essence. Cela signifiait une réorientation de la demande de dollars vers le marché libre pour un montant mensuel

---

243 « Le FMI : il n'y a pas de place pour deux programmes », *Al-Akhbar*, 23/ 2/ 2023.

244 « Le FMI : la loi sur la restructuration du secteur bancaire ne facilite pas l'accord avec le Liban », *Al-Akhbar*, 6/ 2/ 2023.

245 Mohammad Wehbé, Roula Ibrahim, « Le Liban coincé entre les gens au pouvoir et le FMI », *Al-Akhbar*, 24/ 3/ 2023.

246 « La voie de rechange du FMI », *Al-Akhbar*, 24/ 3/ 2023.

de 200 millions de dollars.[247] Chaque réduction de la part de la Banque Centrale dans le financement donnait lieu à une hausse supplémentaire du prix du bidon d'essence pour le consommateur. Cette part est donc passée de 100 % à 85 %, 70 % et 55 % en août 2022. Elle devient de 20 % au début du mois de septembre. La Banque Centrale cesse totalement de fournir des dollars au prix de « *Sayrafa* » deux semaines après cette date.[248]

LES PRIX DES COMMUNICATIONS ET DE L'ÉLECTRICITÉ ET LES DROITS DE DOUANE

La situation paraissait au ministère des Communications plus critique qu'ailleurs. Ce ministère avait assuré des rentrées pour l'État équivalents à 13 milliards de dollars entre 2011 et 2020. Ses revenus n'étaient plus que de 70 millions de dollars par an au début de 2022.[249] Ils étaient insuffisants pour couvrir les frais des générateurs et assurer le maintien des services assurés aux consommateurs. Le ministère annonce le 20 mai une augmentation des prix de 5 fois à appliquer à partir de début juillet.[250] Mais le montant à payer par les consommateurs a augmenté bien plus que cela avec l'adoption du cours du dollar de « *Sayrafa* » pour régler les factures.[251] Ce cours est fixé par la Banque Centrale à 90 mille LL/ $ à partir du 21 mars 2023.[252]

Le gouvernement Mikati avait promis aux Libanais une amélioration de la fourniture d'électricité par l'Électricité du Liban, censée atteindre 10 à 12 heures par jour à partir de début 2022. Cela parut ensuite un objectif impossible à atteindre. L'État tablait sur un prêt à accorder par la Banque Mondiale pour acheter le gaz auprès de l'Égypte et l'électricité auprès de la Jordanie. La Banque Mondiale reconnaît ensuite qu'il est impossible d'assurer ce financement parce qu'il va à l'encontre des sanctions dont la

247 Mohammad Wehbé, Roula Ibrahim, « Salamé favorise la hausse du dollar », *Al-Akhbar*, 23/ 8/ 2022.

248 « La Banque du Liban vers la phase finale de la levée de la subvention de l'essence », *Al-Akhbar*, 23/ 8/ 2022 ; Nada Ayoub, « L'essence en dollars et les prix sans plafond », *Al-Akhbar*, 13/ 9/ 2022.

249 Mohammad Wehbé, « Le tarif des communications : la base du pillage est dans le taux de change », *Al-Akhbar*, 6/ 7/ 2022.

250 « Le gouvernement augmente les prix et s'en va », *Al-Akhbar*, 21/ 5/ 2022.

251 « Un stratagème qui vise les traitements des fonctionnaires du secteur public », *Lebanon Debate*, 3/ 2/ 2023.

252 « Les manifestations des dégâts se généralisent : le dollar hors contrôle », *Al-Akhbar*, 22/ 3/ 2023.

Syrie fait l'objet.[253] La Banque Mondiale avait fait deux réclamations au sujet de l'électricité : la fixation d'un nouveau tarif pour l'électricité de façon à permettre à cette institution publique d'acheter le combustible dont elle se sert par les recettes collectées auprès des consommateurs, et la création d'une autorité de réglementation du secteur. Le tarif a été relevé au début de novembre 2022. Il devient équivalent à 10 cents pour les 100 premiers kilowatts consommés et à 27 cents pour la consommation supplémentaire.[254] Ce qui équivaut à la moitié du coût de l'électricité assurée par les générateurs privés dont le prix se situait entre 45 et 50 cents pour le kilowatt. Les résidents constatent une amélioration de l'offre faite par l'Électricité du Liban durant les premiers mois de 2023, et cela en attendant laréception des factures avec une consommation calculée au cours du dollar de « *Sayrafa* ».

La question du « dollar douanier », ou remplacement du cours de 1500 LL/ $ par un cours plus élevé pour le calcul des droits de douane sur les biens importés retient une attention particulière dès la création du gouvernement Mikati. Le ministère des Finances voyait ce relèvement comme condition pour payer les salaires du secteur public. Le prix de 12 000-14 000 LL/$ est proposé à l'occasion de la préparation du budget de 2022. Un prix de 15 000 LL/$ est finalement adopté lors du vote du projet de budget de 2022, le 26 septembre 2022.[255] Soit que les tarifs douaniers ont augmenté de 10 fois.

Dans les semaines qui suivent, le ministère des Finances annonce l'adoption de ce même prix pour calculer non seulement les droits de douane mais aussi toutes les taxes collectées par l'État. Il n'y a pas eu de vote au Parlement à ce niveau. Les ministres eux-mêmes ne savaient pas quoi répondre au sujet de cette décision subite.[256] Durant les premiers mois de 2023, et avec la hausse continuelle du cours du dollar sur « *Sayrafa* » et l'alignement des tarifs des deux ministères des Communications et de l'Énergie sur ce cours, le ministère des Finances relève à son tour le cours du dollar douanier. Il annonce que les tarifs douaniers seront perçus à

---

[253] « La signature du contrat d'importation du gaz de l'Egypte », *Al-Akhbar*, 22/ 6/ 2022.

[254] Roula Ibrahim, « L'électricité tenue en otage par Salamé », *Al-Akhbar*, 1/ 11/ 2022.

[255] Mohammad Wehbé, « Le budget de 2022 », *Al-Akhbar*, 27/ 9/ 2022.

[256] Roula Ibrahim, « La modification du taux de change au sujet de laquelle Aoun et Chami n'ont pas été mis au courant », *Al-Akhbar*, 29/ 9/ 2022.

partir du 18 mai 2023 sur la base de 60000 LL/$.[257] Ce cours équivaut donc à 40 fois le cours de base.

LES POURSUITES CONTRE LES FONCTIONNAIRES CORROMPUS

Les observateurs font le lien entre les poursuites judiciaires auxquelles deux administrations publiques - administration du trafic routier et registre foncier - font face et les revendications du FMI « d'assainir » le secteur public. Tous les fonctionnaires de l'administration du trafic routier à Beyrouth sont arrêtés.[258] Ceux des registres fonciers de Baabda, Aley, Zalka et Chouf sont eux aussi arrêtés. Cette vague d'arrestations prend fin avant d'atteindre les registres fonciers de Beyrouth et du Sud.[259] La presse avait mentionné le chiffre de 800 fonctionnaires dans ces deux administrations ayant présenté leurs démissions sans réclamer leurs indemnités de fin de service.[260]

LA CORRECTION DES SALAIRES

À noter en guise de comparaison que les dépenses du budget de 2019 ont été de 17,4 milliards de dollars.[261] Les dépenses au titre des traitements et pensions dans le secteur public ont été de 7490 milliards de LL ou 5 milliards de dollars dans le budget de 2018.[262] Le budget de 2022 totalise au cours du dollar du marché libre un montant de 1,09 milliards de dollars.[263] Il aura diminué de 17 fois.

Et alors que le traitement d'un professeur d'université était de 6 millions de LL ou 4 mille dollars en 2019, il chute jusqu'à 631 dollars au 1er novembre 2022, après avoir été multiplié par trois,

[257] Mohammad Wehbé, « Les salaires restent en retard par rapport au rythme de l'effondrement », *Al-Akhbar*, 27/ 4/ 2023.

[258] Radwan Mourtada, « La grotte de l'administration du trafic routier : Salloum aurait imposé des pots-de-vin à payer par les bénéficiaires de la corruption », *Al-Akhbar*, 17/ 11/ 2022.

[259] Nada Ayoub, « Des fonctionnaires du registre foncier de Aley auraient fui à l'étranger », *Al-Akhbar*, 16/ 1/ 2023.

[260] « 800 ont démissionné ... en attendant les autres », *Lebanon Debate*, 6/ 1/ 2023.

[261] « Le projet de réduction des traitements dans le secteur public. », *Al-Akhbar*, 17/ 4/ 2019.

[262] Mohammad Zbeib, « 1,3 milliards : le coût de l'augmentation de l'échelle des traitements », *Al-Akhbar*, 17/ 12/ 2018.

[263] Mohammad Wehbé, « Le budget de 2022 », *Al-Akhbar*, 27/ 9/ 2022.

avec un cours « *Sayrafa* » du dollar équivalent à 28,5 LL/$. Il chute de nouveau fin avril 2023 jusqu'à 333 dollars, après avoir été augmenté de cinq fois et un cours « *Sayrafa* » de 90 000 LL/$.[264]

Une « aide sociale » équivalente à la moitié d'un traitement avait été allouée aux fonctionnaires du secteur public à partir de septembre 2021. Une décision du Conseil des ministres porte cette aide à l'équivalent d'un traitement en février 2022. [265] À l'occasion du vote du budget de 2022, le 26 septembre, les salaires de base ont été multipliés par trois. Le gouvernement décide de relever encore une fois les traitements en avril 2023. Ils deviennent équivalents à quatre fois le salaire de base.[266]

La circulaire 161 de la Banque Centrale du 16 décembre 2021 avait permis que les fonctionnaires du secteur public retirent leurs salaires des banques en dollars au cours de « *Sayrafa* » avant de les vendre au cours du marché libre. Ceci leur assurait une légère majoration de leur salaire mensuel. À la fin de chaque mois, des files d'attente de civils et de militaires se constituaient devant les succursales des banques. Ces derniers pouvaient alors retirer leurs salaires en dollars et les vendre contre des LL.

Se soucier de ce que veut le FMI ou ne veut pas avait permis au premier ministre Mikati de ne pas éprouver de gêne à refuser l'intégration de 1500 professeurs au cadre de l'Université libanaise, et leur abandon pour qu'ils partent aux quatre coins de la planète. L'année 2022 est celle d'une généralisation des grèves qui touchent l'ensemble du secteur public. 400 juges font la grève durant 4 mois avant de revenir progressivement au travail.[267] Les fonctionnaires des administrations publiques civiles entrent dans une grève ouverte tout au long de l'année. Leur retour au travail ne change rien parce que le manque de combustible pour faire tourner les générateurs les empêchait de travailler. Les portes des administrations de la Sécurité sociale se ferment à cause du manque de combustible pour faire tourner les générateurs.[268] La fourniture de l'eau par les quatre offices d'eau du pays est réduite

---

[264] « Tableau », Site de « l'Amicale des anciens de l'université libanaise », mai 2023.

[265] Roula Ibrahim, « Mikati : le dollar douanier ou pas de secteur public », *Al-Akhbar*, 6/ 7/ 2022.

[266] Bassima Attwi, « Le financement de la majoration », *Nidaa Al watan*, 20/ 4/ 2023.

[267] Nada Ayoub, « La grève des juges à sa fin », *Al-Akhbar*, 13/ 12/ 2022.

[268] Mohammad Wehbé, « Faillite après le clientélisme », *Al-Akhbar*, 29/ 6/ 2022.

de 75 % pour les mêmes raisons.[269] Les démissions dans les rangs de l'administration sont une autre cause de la cessation de son activité. Il n'était plus possible de fournir les formulaires pour les taxes foncières au ministère des Finances parce que les fonctionnaires ont démissionné.[270] Des observateurs soulignent que les vacances dans le cadre technique à l'Électricité du Liban à cause des démissions empêchent cette dernière d'assumer ses responsabilités, même si le combustible a été assuré. La présidente du Conseil de la fonction publique a relevé l'existence de 27000 postes dans l'administration civile dont 8000 seulement sont pourvus en personnel. Soit qu'il y a 19000 postes vacants.[271]

Les observateurs sont surpris par la multiplication par trois des traitements dans le secteur public en septembre 2022. Si les intéressés pouvaient avoir leur mot à dire, ils auraient préféré le maintien de deux salaires au lieu de trois, avec stabilisation du cours du dollar. Les mois qui suivent vont donner la preuve que l'objectif n'était pas de maintenir ou d'améliorer leur pouvoir d'achat. Leurs revenus ont en effet reculé par rapport à ce qu'ils avaient été lorsque leurs salaires équivalaient à deux fois le salaire de base. Tout cela semblait n'avoir qu'un but, qui est de fournir des justifications pour augmenter la création de monnaie en LL et hausser le cours du dollar à un niveau encore plus élevé. Et tout cela pour aller plus en avant dans la dissolution des pertes du secteur bancaire et de la Banque Centrale, voire leur annulation.

3. L'ÉVOLUTION DU TAUX DE CHANGE

Il faut partir de l'idée que le souci du secteur bancaire et de la Banque du Liban est d'annuler leurs pertes, et que celui de l'État est d'annuler la dette publique. Il est possible à la lumière de cela d'illustrer l'importance majeure que ces trois acteurs accordent à la hausse du cours du dollar.

Il faut aussi réserver un traitement à part à la dette publique externe, c'est-à-dire les eurobonds. La presse a rapporté qu'il y a

---

[269] « État d'alerte dans le secteur de l'eau », *Al-Akhbar*, 18/ 7/ 2022.

[270] Nada Ayoub, « Pas de taxes recouvertes sur l'immobilier après la démission des fonctionnaires des services informatiques », *Al-Akhbar*, 11/ 1/ 2023.

[271] Fouad Bazzi, « Les départs de la fonction publique vident les administrations publiques », *Al-Akhbar*, 28/ 9/ 2022.

eu un accord avec les porteurs de ces dettes consistant à supprimer 70 % de leur valeur.[272]
Et si l'on considère que les pertes de la Banque Centrale sont de 80 milliards de dollars, comme cela est noté dans le programme de réforme du cabinet Hassan Diab, ce montant est lié à un dollar équivalent à 1500 LL. Si le cours du dollar devient de 15 000 LL, il faut diviser le montant des pertes par dix. Elles deviennent de 8 milliards de dollars. Et si le cours du dollar devient de 100 000 LL, il faut diviser le montant par 65,5, parce que 100 000 équivaut à 65,5 fois le montant de 1500. Les pertes deviennent alors : 80 ÷ 65,5 = 1,2 milliards de dollars. C'est cela que l'expression d'« annulation des pertes » désigne.
La dette publique, qui était de 85,1 milliards de dollars en 2019, devient équivalente à 1,3 milliards de dollars. Dans l'expérience de l'effondrement du taux de change de 1984-1992, la dette publique est passée 6,45 milliards de dollars en 1982 à 2,23 milliards de dollars en 1990, soit le tiers de ce qu'elle avait été, alors qu'elle a augmenté en termes nominaux de 40 fois entre ces deux dates.[273]

3.1 L'évolution du taux de change en 2022

Il n'était pas possible pour le gouverneur de la Banque Centrale de tenir la promesse faite au Premier ministre Mikati à l'été 2021 de maintenir un cours du dollar équivalent à 14 000 LL/$. La raison avancée est la suppression de la subvention au prix du mazout et l'augmentation qui s'ensuit de la demande de dollars par les importateurs, de 4 millions de dollars par jour.[274]
Le cours du dollar monte jusqu'à 26 000 LL/$ à la fin du mois de novembre. Le gouverneur de la Banque Centrale accuse alors les utilisateurs d'applications sur les téléphones d'en être les instigateurs.[275] Ces mêmes applications sont considérées être à l'origine du passage du cours à 30 000 LL/$ durant les vacances

---

[272] « Le budget de 2022 : ce qui est caché est plus grave », *Al-Akhbar*, 22/ 10/ 2022.
[273] Dagher Albert, « La politique de taux de change : l'expérience libanaise et le rôle que cette politique devra jouer », revue *Défense Nationale Libanaise*, n° 42, octobre, 2002, p. 33.
[274] « Les mesures de la Banque Centrale pour nuire à la livre libanaise », *Al-Akhbar*, 9/ 11/ 2021.
[275] Mohammad Wehbé, « Ceux qui manipulent le taux de change », *Al-Akhbar*, 30/ 11/ 2021.

de fin d'année de 2021.[276] Le Premier ministre, le gouverneur de la Banque Centrale et le ministre des Finances, s'accordent alors à vouloir empêcher une trop forte détérioration du taux de change, sans quoi il serait impossible d'aller aux élections législatives du 15 mai 2022.

Il fallait concentrer tous les achats et ventes de livres libanaises et de dollars dans les mains de la plate-forme « *Sayrafa* » créée par la Banque Centrale. Cette plate-forme reçoit donc la mission d'injecter les dollars et de pomper les livres libanaises pour stabiliser le taux de change. Le cours du dollar a pu être maîtrisé par les ventes de dollars de la part de la Banque Centrale aux banques. Lorsque le cours du dollar avait tendance à monter, la Banque Centrale annonçait ne plus imposer des quotas à ses ventes de dollars aux banques, rendant les acquisitions de ces dernières de dollars totalement libres. Le cours du dollar a pu ainsi être ramené de 34000 LL/$ à 21 000 LL/$ à la fin de janvier 2022.[277]

La Banque Centrale allait pouvoir maintenir ce prix un mois durant. Il va reprendre ensuite sa hausse et atteindre 30000 LL/$ au lendemain des élections de mai 2022. Il augmente ensuite de 10 000 LL/$ en 12 jours. La cause en est l'imposition par la Banque Centrale une fois de plus de quotas à ses ventes de dollars aux banques. La Banque Centrale se voit alors obligée de revenir à la vente sans quotas de dollars. Le cours chute de 37 000 LL/$ à 29000 LL/$ à la fin du mois de mai.[278] Cette attitude est maintenue pendant deux semaines avant que la Banque Centrale n'annonce à la mi-juin le retour au système des quotas.[279] Le cours du dollar va alors augmenter progressivement jusqu'à la fin du mandat du président de la République à la fin du mois d'octobre.

Quelques jours avant la fin de ce mandat, la Banque Centrale annonce ne plus acheter des dollars jusqu'à nouvel ordre et vendre des dollars. Le cours du dollar chute alors de plusieurs milliers de

---

[276] Imad Chidiac, « Pourquoi les banques haussent le prix du dollar », *Asas Media*, 6/ 1/ 2022.

[277] « Reuters : le plan Mikati pour faire face à la crise financière », *Al-Nachra*, 2/ 2/ 2022.

[278] « Les spéculations sont attisées par l'injection de dollars », *Al-Akhbar*, 28/ 5/ 2022.

[279] Mohammad Wehbé, « Pas de quota ouvert pour les ventes de dollars », *Al-Akhbar*, 14/ 6/ 2022.

LL en deux heures.[280]Il avait diminué de 40 000 LL/$ à 35 000 LL/$ dès que la Banque Centrale a cessé d'acheter des dollars sur le marché. À la fin de 2022, le cours sur le marché libre atteint 46 000 LL/$, soit le double de ce qu'il avait été un an plus tôt.

3.2 Les achats par la Banque Centrale de dollars sur le marché libre comme cause principale de la hausse du prix du dollar

Mais le cours du dollar dépasse les 63 000 LL/$ à la fin du premier mois de 2023. La Banque Centrale annonce, à la demande du président Mikati, ne pas vendre des dollars, mais surtout ne plus acheter des dollars sur le marché. Cela occasionne une baisse du cours de cette devise.[281] Le gouverneur de la Banque Centrale insiste d'autre part à ce que toutes les administrations judiciaires et de sécurité intérieure interviennent pour arrêter les changeurs qui haussent le cours du dollar, et affirme qu'il n'entreprendra aucune action avant que ces derniers ne soient mis sous les verrous. Le Procureur général engage des poursuites contre eux, vu qu'ils ont provoqué la hausse du cours du dollar de 47 000 LL/$ à 64 000 LL/$ en un mois. Les services de sécurité intérieure arrêtent 14 changeurs sur les 20 mis en accusation. [282] Les interrogatoires montrent qu'il y a un millier de changeurs qui agissent sur *WhatsApp* et assurent à la Banque Centrale 250-400 millions de dollars par mois. Ils se divisent en deux sous-groupes : les groupes du « marché de détection » qui enchérissent sur le cours et décident ce qu'il va être, et les groupes du « marché au comptant » qui effectuent les achats et les ventes à ce cours.[283]
Ce que tout le monde apprend est que ce sont les achats de la Banque Centrale sur le marché par le biais des changeurs qui haussent le cours du dollar. Ces derniers vendent les dollars qu'ils collectent à quatre sociétés chargées officiellement par la Banque Centrale de lui assurer des dollars. Aussi la Banque Centrale

---

[280] Mohammad Wehbé, « Le magicien noir reconnaît : c'est moi qui hausse le prix du dollar », *Al-Akhbar*, 24/ 10/ 2022.
[281] « Owaidat rassemble des faits qui sont des pièces de conviction contre Bitar », *Al-Akhbar*, 28/ 1/ 2023.
[282] Radwan Mourtada, « L'arrestation des spéculateurs : quoi donc au sujet de ceux qui les emploient », *Al-Akhbar*, 6/ 2/ 2023.
[283] Radwan Mourtada, « Les comptes rendus des interrogatoires avec 18 changeurs et spéculateurs », *Al-Akhbar*, 21/ 2/ 2023.

achetait les dollars auprès des changeurs sans fixer au préalable un prix d'achat.[284]
L'arrestation des changeurs ne va pas empêcher le cours du dollar de continuer à monter. Si ce cours avait atteint 42 000 LL/$ au dernier jour de 2022, il devient de 100 000 LL/$ deux mois et demi plus tard. Les changeurs vont être relâchés à la troisième semaine de mars, lorsque le cours du dollar atteint 140 000 LL/$. Cela va donner lieu à des manifestations et au blocage de la circulation routière.[285]
La Banque Centrale annonce alors une opération d'achat de livres libanaises et de vente de dollars sans plafond au prix de 90 000 LL/$. Le cours redescend en conséquence jusqu'à 90 000 LL/$.[286]
Les observateurs remarquent que la cause principale de la chute du cours du dollar est la renonciation de la Banque Centrale à acquérir des dollars sur le marché, et que cela est la cause du maintien du cours du dollar en deçà de 100 000 LL/$. Aussi suffit-il que la Banque Centrale cesse d'acheter des dollars sur le marché, sans avoir besoin de vendre des dollars à travers « *Sayrafa* », pour que le cours du dollar cesse de monter.[287]

3.3 La fixation des prix en dollars et l'option d'une dollarisation intégrale

Durant les premiers mois de 2023, il y a une accélération de l'effondrement des trois fonctions de la monnaie nationale, comme instrument de paiement, réserve de valeur et unité de compte, à la faveur de l'augmentation additionnelle du cours du dollar. Son abandon comme instrument de paiement avait commencé avec les achats de mazout pour les générateurs privés. Le ministère du Tourisme autorise ensuite les restaurants et les hôtels à fixer leurs prix en dollars. Il est suivi par le ministère de l'Économie qui donne la même autorisation aux supermarchés. La fixation des prix en dollars allait toucher aussi les médicaments et

---

284 Mohammad Wehbé, « Le cercle vicieux de Salamé continue : favoriser la spéculation », *Al-Akhbar*, 2/ 3/ 2023.
285 « Les signes de chaos augmentent : le dollar hors contrôle », *Al-Akhbar*, 22/ 3/ 2023.
286 « Le dollar vers plus de recul de son prix », Liban 24, 6/ 4/ 2023.
287 Imad Chidiac, « Le recul du dollar n'est pas artificiel », *Asas Media*, 7/ 4/ 2023.

autres.[288] L'idée de passer d'une dollarisation partielle (*de facto*) à une dollarisation intégrale (*de jure*) est évoquée comme éventualité pour le Liban.[289]

4. LE RETOUR AU TAUX DE CHANGE FIXE COMME SOLUTION DE RECHANGE

La solution de rechange est de sortir du flottement pur de la livre libanaise et le retour à la fixation de son taux de change.

4.1 Le contrôle de change

Il faudrait, comme cela a été souligné, créer un « organisme public de contrôle de change » qui aura pour tâche de rationner l'usage des devises, de façon à assurer la conformité des flux de dollars en provenance de l'extérieur aux importations.[290] Cette conformité aura pour effet de stabiliser le taux de change en faisant correspondre la demande de dollars à leur offre.

Certains pourraient trouver qu'il n'y a pas de contradiction entre ce qui vient d'être proposé comme solution de rechange et ce que le FMI propose en termes de « contrôle du capital ». Ce dernier avait en effet proposé que le projet gouvernemental contienne des clauses qui permettent d'exercer un contrôle sur les achats à l'étranger. Et cela pour garantir que les devises disponibles ne soient pas dissipées et garantir que l'État libanais puisse rembourser les dettes qu'il aura contractées, dont celles qu'il lui aura prêtées.

L'année 2022 offre une illustration sur comment le secteur privé utilise les flux de dollars provenant de l'extérieur en l'absence de tout contrôle officiel sur cet usage. Le Liban importe pour 19,2 milliards de dollars en 2019. Ce montant chute jusqu'à 11,3 milliards de dollars en 2020 et à 13,6 milliards en 2021. Mais il atteint de nouveau un montant de 19 milliards de dollars en

---

[288] Imad Chidiac, « Le début de la fin du temps des changeurs », *Asas Media*, 21/ 3/ 2023.

[289] BRUNO THERET, « La dollarisation : polysémie et enflure d'une notion », *Critique Internationale*, 19, pp. 62-83, 2003.

Jean –François Ponsot, Siham Rizkallah, « La Dollarisation au Liban : les défis de la BDL dans ses choix monétaires et de régime de change.», Séminaire sur zoom, LEFMI, SIHE, université de Picardie, 3 mars 2023.

[290] Dagher Albert, « Faire face à la crise financière : construire l'administration publique et l'économie de production », *Al-Akhbar*, 23/ 5/ 2022.

2022.[291] Les importateurs achètent des produits qu'ils mettent dans des entrepôts dans l'attente du relèvement du « dollar douanier ». La facture des combustibles vient en premier dans les dépenses. Elle est suivie des importations de voitures, lesquelles augmentent dans une proportion de 73 %. Les biens électriques, et ceux en particulier liés aux installations d'énergie solaire viennent au troisième rang.[292] Ainsi, ce sont les importateurs qui imposent leurs choix en l'absence de toute intervention gouvernementale à ce niveau.

4.2 Un programme gouvernemental d'investissement

Les mesures de contrôle de change doivent être complétées par des mesures tendant à conforter la capacité de l'économie libanaise à offrir des biens et des services. C'est-à-dire qu'il faut rétablir la capacité de l'économie comme une économie de production. Cela ne peut pas avoir lieu sans la mise en œuvre d'un programme gouvernemental d'investissement visant à soutenir la production de biens technologiques destinés à l'exportation.
C'est à ce niveau qu'il y a contradiction fondamentale avec le programme du FMI. Ce dernier n'est concerné que par assurer la viabilité financière de l'État et sa capacité à rembourser les dettes contractées. Son programme s'arrête là. Le programme de rechange vise en revanche à rétablir la capacité de la société libanaise à construire une économie de production, à travers un programme gouvernemental d'investissement et une politique industrielle qui s'appuie sur les subventions octroyées par l'État au secteur privé. C'est ce rôle de l'État que les institutions internationales ne reconnaissent pas et n'approuvent pas.

4.3 Mettre sur pied des administrations publiques nouvelles

La réalisation de ce qui précède nécessite de réformer l'administration publique en créant des institutions publiques nouvelles qui s'occupent non seulement du contrôle de change, mais aussi et surtout de mettre en œuvre le projet « d'industrialisation tardive » du Liban. L'élite en place ne peut

[291] Mohammad Wehbé, « L'illusion de la croissance et les allégations au sujet de la contrebande », *Al-Akhbar*, 9/ 1/ 2023.
[292] Khaled Abou Chakra, « Les importations énormes dissipent les espoirs d'un recul du dollar », *Nidaa al Watan*, 28/ 12/ 2022.

pas s'atteler à une tâche pareille. Remplacer cette élite est donc la condition pour réaliser ce qui vient d'être proposé.

Références

« L'arrêt de la subvention des combustibles : le pouvoir exécute les Libanais », *Al-Akhbar*, 12/ 8/ 2021.
« 10,4 milliards de dollars sont les capitaux nets en fuite du Liban en 12 mois », *Al-Akhbar*, 8/ 7/ 2019.
« 12 heures de fourniture d'électricité avant la fin de l'année », *Al-Akhbar*, 27/ 10/ 2021.
« 796 % l'augmentation des prix depuis 2019 », *Al-Akhbar*, 6/ 4/ 2022.
« À qui imputer la montée du prix du dollar ? », *Lebanon Debate*, 28/ 6/ 2021.
« Aoun et les 15 banques », *Al-Akhbar*, 16/ 2/ 2023.
« Des mesures non urgentes adoptées par le gouvernement », *Al-Akhbar*, 8/ 12/ 2022.
« L'augmentation cumulative des prix », *Al-Akhbar*, 17/ 1/ 2022.
« La Banque du Liban vend 3 milliards de dollars en trois mois », *Al-Akhbar*, 3/ 9/ 2019.
« La Banque du Liban vers la phase finale de la levée de la subvention de l'essence », *Al-Akhbar*, 23/ 8/ 2022.
« La formation du gouvernement : le retour du pessimisme », *Al-Akhbar*, 7/ 9/ 2021.
« La Russie surmonte la crise », *Al-Akhbar*, 9/ 4/2022.
« La signature du contrat d'importation du gaz de l'Égypte », *Al-Akhbar*, 22/ 6/ 2022.
« Le dollar à 1610 LL et la Banque du Liban n'intervient pas », *Al-Akhbar*, 10/ 10/ 2019.
« Le FMI voudrait-il rendre les choses plus obscures au sujet du Liban ? », *Al-Akhbar*, 25/ 10/ 2021.
« Le FMI : il n'y a pas de place pour deux programmes », *Al-Akhbar*, 23/ 2/ 2023.
« Le FMI : la loi sur la restructuration du secteur bancaire ne facilite pas l'accord avec le Liban », *Al-Akhbar*, 6/ 2/ 2023.
« Le marché de l'électricité », *Al-Akhbar*, 13/ 9/ 2021.
« Le projet de réduction des traitements dans le secteur public. », *Al-Akhbar*, 17/ 4/ 2019.
« Le silence saoudite continue et confusion chez les alliés de Frangié », *Al-Akhbar*, 3/ 5/ 2023.
« Les appréhensions au sujet de la libéralisation des prix de l'essence », *Al-Akhbar*, 28/ 3/ 2022.
« Les mesures de la Banque Centrale pour nuire à la livre libanaise », *Al-Akhbar*, 9/ 11/ 2021.

« Les mesures récessives ne mettent pas fin à l'hémorragie de dollars », *Al-Akhbar*, 5/ 8/ 2019.
« Les spéculations sont attisées par l'injection de dollars », *Al-Akhbar*, 28/ 5/ 2022.
« Mikati fait pression pour privatiser : le tarif de l'électricité sera relevé de 25 fois », *Al-Akhbar*, 18/ 11/ 2021.
« Nasrallah : nous faisons face à une guerre économique », *Al-Akhbar*, 18/ 8/ 2021.
« Owaidat rassemble des faits qui sont des pièces de conviction contre Bitar », *Al-Akhbar*, 28/ 1/ 2023.
« Salamé gèle la décision de transférer les dollars des sociétés de transfert de fonds à la Banque Centrale », *Al-Akhbar*, 27/ 8/ 2021.
« Salamé : des "fantômes" tentent de porter atteinte à la stabilité financière », *Al-Akhbar*, 18/ 9/ 2017.
« Tableau », Site de « l'Amicale des anciens de l'Université libanaise », mai 2023.
« Une aide sociale pour faire face à la cherté de vie », *Al-Akhbar*, 6/ 4/ 2022.
« Une inflation élevée en deux ans et neuf mois », *Al-Akhbar*, 25/ 10/ 2021.
« Une ruée sur l'immobilier au Liban », *Lebanon 24*, 15/ 2/ 2020.
« 800 ont démissionné ... en attendant les autres », *Lebanon Debate*, 6/ 1/ 2023.
« Aujourd'hui commence la crise et nous allons vers le désastre », *Beirut Observer*, 20/ 10/2021.
« La voie de rechange du FMI », *Al-Akhbar*, 24/ 3/ 2023.
« Le budget de 2022 : ce qui est caché est plus grave », *Al-Akhbar*, 22/ 10/ 2022.
« Le budget fait exploser la relation de Mikati avec le Hezbollah », *Al-Akhbar*, 12/ 2/2022.
« Le dollar vers plus de recul de son prix », *Liban 24*, 6/ 4/ 2023.
« Le gouvernement augmente les prix et s'en va », *Al-Akhbar*, 21/ 5/ 2022.
« Le PNB se contracte et la population devient plus pauvre », *Al-Akhbar*, 7/ 3/ 2022.
« Les bienfaits des remises et les méfaits de l'émigration », *Al-Akhbar*, 6/ 12/ 2021.
« Les enquêtes judiciaires prennent plus d'extension en Europe », *Al-Akhbar*, 14/ 4/ 2022.
« Les manifestations des dégâts se généralisent : le dollar hors contrôle », *Al-Akhbar*, 22/ 3/ 2023.

« Les plates-formes responsables de la manipulation du taux de change », *Al-Khanadek*, 3/ 12/ 2021.
« Les sauts de la masse monétaire en livres libanaises », *Al-Akhbar*, 20/ 10/ 2022.
« Les signes de chaos augmentent : le dollar hors contrôle », *Al-Akhbar*, 22/ 3/ 2023.
« Plainte contre la banque SGBL et Sehnaoui », *Al-Akhbar*, 19/ 6/ 2020.
« Reuters : le plan Mikati pour faire face à la crise financière », *Al-Nachra*, 2/ 2/ 2022.
« Un stratagème qui vise les traitements des fonctionnaires du secteur public », *Lebanon Debate*, 3/ 2/ 2023.
« État d'alerte dans le secteur de l'eau », *Al-Akhbar*, 18/ 7/ 2022.
Abboud Tarek, « Les majorités fictives du Liban… les oppositions de sable », *Post 180*, 15/ 3/ 2021.
Abou Chacra Khaled, « Les prix des appartements ont reculé de moitié », *Nidaa al Watan*, 6/ 12/ 2021.
Abou Chakra Khaled, « Les importations énormes dissipent les espoirs d'un recul du dollar », *Nidaa al Watan*, 28/ 12/ 2022.
Abrahamsen Rita,"The power of partnership in global governance", *Third World Quarterly*, 25 (8), 2004, pp. 1453–1467.
Agence *Reuters*, 2/ 2/ 2022.
Aleïk Hassan, « Complices dans le crime.», *Al-Akhbar*, 12/8/ 2021.
Aleïk Hassan, « Le pétrole iranien, une artère de survie », *Al-Akhbar*, 21/ 8/ 2021.
Al-Nachra, 19/ 4/ 2022.
Amsden Alice, "America's Fatwas", Ch. 8, in Amsden A., *Escape from Empire: The Developing World's Journey through Heaven and Hell*, The MIT press, Cambridge, Mass., 2007.
Attwi Bassima, « Le financement de la majoration », *Nidaa Al watan*, 20/ 4/ 2023.
Ayoub Nada, « La grève des juges à sa fin », *Al-Akhbar*, 13/ 12/ 2022.
Ayoub Nada, « L'essence en dollars et les prix sans plafond », *Al-Akhbar*, 13/ 9/ 2022.
Ayoub Nada, « Pas de taxes recouvertes sur l'immobilier après la démission des fonctionnaires des services informatiques », *Al-Akhbar*, 11/ 1/ 2023.
Ayoub Nada, « Des fonctionnaires du registre foncier de Aley auraient fui à l'étranger », *Al-Akhbar*, 16/ 1/ 2023.

Azzi Léa, « L'augmentation de la pauvreté, du chômage et de la récession ne réduit pas le déficit de la balance des paiements », *Al-Akhbar*, 22/ 9/ 2021.
Azzi Léa, « Le canular de l'indemnité de transport », *Al-Akhbar*, 4/ 11/ 2021.
Azzi Léa, « Le plan de renflouement du premier ministre Mikati », *Al-Akhbar*, 21/9/ 2021.
Azzi Léa, « Salamé propose deux prix officiels du dollar », *Al-Akhbar*, 31/ 12/ 2021.
Azzi Léa, « Un organisme indépendant pour restructurer les banques », *Al-Akhbar*, 25/9/ 2021.
Badrudin Abdelamir, *The Bank of Lebanon: Central Banking in a Financial Centre and Entrepôt*, London, Frances Pinter, 1984.
Banque Mondiale, « Dix recommandations de la Banque Mondiale », *Al-Akhbar*, 28/ 4/ 2017.
Baz Freddie, « La nécessité de restituer la souveraineté à la livre libanaise », *Al-Akhbar*, 25/ 11/ 2019.
Bazzi Fouad, « Les départs de la fonction publique vident les administrations publiques », *Al-Akhbar*, 28/ 9/ 2022.
Berthélemy Jean-Claude, Sébastien Dessus, Charbel Nahas, *Exploring Lebanon's Growth Prospects*, The World Bank, Policy Research, Working Paper 4332, 2007, 27 pages.
Bruton Henry, "A Reconsideration of Import Substitution", in *Journal of Economic Literature*, vol. 35, June 1998, pp. 903-936.
Cartapanis André, « Les crises de change : qu'avons-nous appris depuis dix ans ? », *Économie internationale*, n° 97, 2004, pp. 5-48.
Chacholiades Miltiades, *International Economics*, McGraw-Hill, 1990.
Chang Ha-Joon and llene Grabel, "Exchange Rate and Currency Policies", in Chang and Grabel, *Reclaiming Development: An Alternative Economic Policy Manual*, London and New York, Zed Books, 2004, pp. 164-179.
Chang Ha-Joon, "Mission Impossible? Can financial prudence go too far?", in H-J Chang, *Bad Samaritans: Rich Nations, Poor Policies and the Threat to the Developing World*", Random House, 2007, pp. 145-159.
Chang Ha-Joon, "The Hazard of Moral Hazard: Untangling the Asian Crisis", in H-J. Chang, *The East Asian Development Experience: The Miracle, the Crisis and the Future*, London: Zed Books, 2006, pp. 179-206.

Charrouf Ayman, Hussein Tlaïs, « Les marchands d'argent au Liban : une enquête qui dévoile les fils du complot », *Al-Hurra*, 17/ 5/ 2021.
Chidiac Imad, « Le début de la fin du temps des changeurs », *Asas Media*, 21/ 3/ 2023.
Chidiac Imad, « Le recul du dollar n'est pas artificiel », *Asas Media*, 7/ 4/ 2023.
Chidiac Imad, « Pourquoi les banques haussent le prix du dollar », *Asas Media*, 6/ 1/ 2022.
Circulaire de la Banque du Liban, n° 530, www.bdl.gov.lb.
Clapham Christopher, "Sovereignty and the Third World State", *Political Studies*, 1999, pp. 522-537.
Clapham Christopher, "The International Politics of Economic Failure", in Ch. Clapham, *Africa and the International System: the Politics of State Survival*, Cambridge University Press, 1996, pp. 163-186.
Compte rendu publié par le bureau du Commissariat européen le 1/ 3/ 2015.
Conférence de presse du gouverneur le 29/ 4/ 2020.
Conseil des ministres, « Le programme gouvernemental de réforme », Décision du conseil du 30/ 4/ 2020, 64 pages.
Dagher Albert, « Quelle est l'importance du déficit de la balance des paiements », *Al-Akhbar*, 15/ 9/ 2021.
Dagher Albert, « Comment protéger le peuple d'un éventuel effondrement du taux de change », *Al-Akhbar*, 29/ 10/ 2018.
Dagher Albert, « L'économie semi-rentière ou le fait de compter sur les flux financiers externes », in A. Dagher, « Les défis économiques et de développement auxquels le Liban et la Syrie font face », in Revue *Défense Nationale Libanaise*, n° 33, juillet 2000 ; publié une deuxième fois dans, A. Dagher, *Le Liban et la Syrie : les défis économiques et les politiques requises*, Dar An-Nahar, 2001, pp. 20-31.
Dagher Albert, « L'élite au Liban », *Al-Akhbar*, 18/ 12/ 2019.
Dagher Albert, « L'État de clientélisme politique prédateur : le cas du Liban », *Al-Akhbar*, 19 et 26/ 4/ 2021.
Dagher Albert, « L'éventualité d'une crise financière au Liban et les moyens d'y faire face", *Al-Akhbar*, 22/3/2010.
Dagher Albert, « La politique de taux de change : l'expérience libanaise et le rôle que cette politique devra jouer", in revue *Défense Nationale Libanaise*, n° 42, octobre, 2002, pp. 5-51.
Dagher Albert, « Le financement du développement : une approche opposée à la démarche néo-libérale », contribution au

colloque annuel de l'Association Arabe des Études Économiques (ASFER), Le Caire, 1 et 2 novembre 2008 ; publié dans la *revue Assadissa*, n° 1, juin 2011 et dans A. Dagher, *Pour une politique de développement arabe : des prémisses opposées à l'approche néo-libérale*, Beyrouth, Dar Mountada Al-Maaref, 2012, pp. 47-73.

Dagher Albert, « Le programme de réforme gouvernemental », *Al-Akhbar*, 17/ 6/ 2020.

Dagher Albert, « Les luttes politiques et la provocation de la crise financière au Liban », *Al-Akhbar*, 17/ 3/ 2011.

Dagher Albert, « Faire face à la crise financière : construire l'administration publique et l'économie de production », *Al-Akhbar*, 23/ 5/ 2022.

Dagher Albert, « L'enfer au Liban en 2021 », *Al-Akhbar*, 26/ 11/2021.

Dagher Albert, « Un programme politique et administratif de rechange », *Al-Akhbar*, 13/ 5/2021.

Dagher Albert, « Un programme économique mis à la disposition des activistes du soulèvement du 17 octobre », *Al-Akhbar*, 9/ 12 / 2019.

Dagher Albert, « La crise financière au Liban comme une « crise jumelle », *Al-Akhbar*, 6/ 9/2021.

Dehove Mario, *Crises financières : deux ou trois choses que nous savons d'elles*, Conseil d'analyse économiques- Premier ministre – Document de travail, avril 2003, 155 pages.

Diba Ghassan, "The political economy of inflation and currency depreciation in Lebanon, 1984-1992", in *Middle Eastern Studies*, vol. 38, n. 1, 2002.

Diba Ghassan, « Impact de la crise syrienne sur l'économie, le marché du travail et les aspects sociaux au Liban », colloque de « l'Initiative de l'Espace Commun », le 17/ 2/ 2020, 58 pages.

Edwards Sebastian, *Does the current account matter*? NBER Working Paper, May 2001, 71 pages.

Ehteshami Anoushiravan and Emma Murphy, "Transformation of the Corporatist State in the Middle East." *Third World Quarterly* 17 (4), 1996, pp. 753–72.

Eken S., P. Cashin, N. Erbas, J. Martelino, A. Mazarei, *Economic Dislocation and Recovery in Lebanon*, IMF, Occasional Paper, 120, February 1995.

El-Amine Ibrahim, « La perception de la France et de l'Occident : une ordonnance pour le désastre », *Al-Akhbar*, 5/ 7/ 2021.

El-Ferzli Elie, « Le prêt koweitien pour l'électricité », *Al-Akhbar*, 16/ 9/ 2021.
El-Ferzli Elie, « Une heure sur 24 de fourniture d'électricité », *Al-Akhbar*, 8/ 10/ 2021.
El-Ferzli Elie, « Des problèmes techniques qui font obstacle au gaz égyptien et à l'électricité jordanienne », *Al-Akhbar*, 21/ 8/ 2021.
El-Ferzli Elie, « La commission des Finances réduit le déficit du budget à moins de 7 % », *Al-Akhbar*, 10/ 7/ 2019.
El-Ferzli Elie, « Les faits sur la réunion de Amman », *Al-Akhbar*, 10/ 9/2021.
El-Ferzli Elie, « Pas d'électricité pour les pauvres », *Al-Akhbar*, 25/ 9/ 2021.
El-Hage Faten, « Bassam Badran : la situation de l'université n'est plus supportable », *Al-Akhbar*, 17/ 3/ 2022.
Elhage Hassan Izzat, « Mikati au pèlerinage et l'État en enfer : le secteur public cesse de travailler », *Al-Moudoun*, 29/ 4/ 2022.
Fadlallah Abdel Halim, « Comment se libérer des récits en cours sur la crise », Al-Akhbar, 2/ 8/ 2021.
Farfour Hadil, « Les associations patronales marginalisent la commission de l'indice des prix », *Al-Akhbar*, 4/ 11/2021.
Fisher Stanley, Rudiger Dornbush, *Macroeconomics*, McGraw Hill, sixth edition, 1994.
FMI, « Liban : Déclaration finale du personnel de la mission au titre de l'article IV de 2018 », 12 février 2018, 11 pages.
FMI, « Liban : Déclaration finale du personnel de la mission au titre de l'article IV de 2019 », 11 juillet 2019.
FMI, « Le conseil d'administration du FMI achève les consultations au titre de l'article IV avec le Liban », 22 juin 2018, 8 pages.
Gaspard Toufic, « La crise financière au Liban », *Al-Akhbar*, 4 et 5/ 9/ 2017.
Glaser Antoine, Stephen Smith, « Une Politique de dévaluation », in Glaser et Smith, *L'Afrique sans Africains : le rêve blanc du continent noir*, Paris, Stock, 1994, pp. 200-224.
Grabel Ilene, "International Private Capital flows and Developing Countries", in H-J Chang (ed.), *Rethinking Development Economics*, London: Anthem press, 2003, pp. 325-345
Grabel Ilene, "Not Your Grandfather's IMF: Global Crisis, "Productive Incoherence" and Developmental Policy Space", *Cambridge Journal of Economics*, 35, 2011, pp. 805–830.

Grabel Ilene, "The rebranding of capital controls in an era of productive incoherence", *Review of International Political Economy*, 2014, 37 pages.
Grossman Emiliano, Cornelia Woll, "Saving the Banks: The Political Economy of Bailouts", Centre d'études européennes et de politique comparée, 2012, 26 pages.
Groupe de Travail de l'accession de la République du Liban à l'OMC, *Aide-mémoire sur le régime de commerce extérieur*, 13 juin, 2001, 278 pages.
Hachem Ali, « Le recul des dépôts du secteur bancaire depuis le début de 2019 », *Al-Akhbar*, 15/ 4/ 2019.
Hachem Ali, « Le triangle du danger : la dette, les banques et les biens immobiliers », *Al-Akhbar*, 5/ 3/ 2018.
Hammoud Najla, « Les incendies du Akkar mettent l'État à nu », *Al-Akhbar*, 30/ 7/2021.
Hinnebusch Raymond, "The Middle East in the world hierarchy: imperialism and resistance", in: *Journal of International Relations and Development*, vol 14, n. 2, 2011, pp. 213-246.
Hinnebusch Raymond, "The Sectarian Surge in the Middle East and the Dynamics of the Regional States-System", *Tidsskrift for Islamforskning*, 13 (1), pp. 35-61, 2019.
Hirschman Albert Otto, "The social and political matrix of inflation: elaborations on the latin-american experience", in A. Hirschman, *Essays in trespassing*, Cambridge univ. press, 1981
Hudson Michael, « L'empire américain qui s'auto-détruit », *Al-Akhbar*, 28/ 3/ 2022.
Ibrahim Roula, « Des réformes qui n'ont pas modifié « le secret bancaire » : les lois du Parlement formulées « à la légère », *Al-Akhbar*, 1/ 11/ 2022.
Ibrahim Roula, « Le « capital control » : mentir et mentir », *Al-Akhbar*, 15/ 12/ 2022.
Ibrahim Roula, « Le FMI : Un flou qui couvre le programme de réforme », *Al-Akhbar*, 22/ 9/ 2022.
Ibrahim Roula, « Mikati remet en question l'accord avec le FMI », *Al-Akhbar*, 1/ 7/ 2022.
Ibrahim Roula, « Mikati : le dollar douanier ou pas de secteur public », *Al-Akhbar*, 6/ 7/ 2022.
Ibrahim Roula, « L'électricité tenue en otage par Salamé », *Al-Akhbar*, 1/ 11/ 2022.
Ibrahim Roula, « La modification du taux de change au sujet de laquelle Aoun et Chami n'ont pas été mis au courant », *Al-Akhbar*, 29/ 9/ 2022.

International Monetary Fund, *Lebanon: Financial System Stability Assessment*, *Country Report*, No. 17/21, January 2017, 70 pages.
Interview sur *France 24*, le 31/ 1/ 2020.
Jackson Robert H., *Quasi-states: sovereignty, international relations, and the Third World,* Manchester England: Columbia University Press, 1990.
Jackson Robert, Georg Sorensen, "New Issues in IR: Sovereingty" in Jackson, Sorensen, *Introduction to international relations: theories and approaches*, Oxford University Press, 2002.
Jacquemot Pierre, « Rôle du taux de change dans l'ajustement d'une économie à faible revenu : une revue de la littérature récente », *Revue Tiers Monde*, n° 118, avril-juin, 1989.
Kabanji Jacques, « Faiblesse de la gauche et du mouvement populaire et crise du régime … « l'alliance sociale » comme voie de sortie », *Al-Akhbar*, 16/ 4/ 2021.
Kabbani Khaled, « Le système de gouvernement au Liban : une démocratie de compétition ou de consociation : une analyse », in Khaled Ziadeh (dir.), « Le Liban : études sur la société, l'économie et la culture », Centre Arabe pour les Recherches et l'Etude des politiques (ACRPS), Beyrouth, 2021, 736 pages, pp. 569-655.
Kasparian Choghig, *L'émigration des jeunes libanais et leurs projets d'avenir* : enquête réalisée par l'Observatoire Universitaire de la Réalité Socio-Economique (OURSE) de l'Université Saint-Joseph de Beyrouth, Oct.-Nov. 2007, Presses de l'U. S. J., 2009.
Kentikelenis Alexander E., Thomas H. Stubbs & Lawrence P. King, "IMF conditionality and development policy space, 1985–2014", *Review of International Political Economy* , Volume 23, pp. 543-582, 2016.
Krugman Paul, Maurice Obstfeld, *Économie Internationale*, De Boeck, 2ème édition française, 1996, 891 pages.
Makdissi Samir, *Financial Policy and Economic Growth: the Lebanese Experience*, N.Y., Columbia univ. press, 1979.
Ministère Français de l'Économie des Finances et de la Relance, « L'intervention des États et des banques centrales et ses contreparties au plus fort de la crise », 2010, 7 pages.
Miotti Luis et Dominique Plihon, « Libéralisation financière, spéculation et crises bancaires », La Documentation française, *Économie internationale*, 2001/1 - n° 85, pp. 3-36.
Moukalled Hassan, « Interview sur la chaîne *Al-Jadid* », 4/ 3/ 2020.

Moukalled Hassan, « Le programme de rechange face à celui du FMI (2) », *Revue électronique 180*, 3/ 6/ 2020.
Moukalled Hassan, « Le programme du gouvernement pour l'avenir consacre les options du passé », *Revue électronique 180*, 15/ 5/ 2020.
Moukarbel Iskandar, « Des causes de la stagnation de l'activité économique au Liban », *An-Nahar*, 8/ 1/ 2001.
Mourtada Radwan, « Accusations à l'encontre de Salamé, Sehnaoui et Mecattaf : leurs faits ont abouti à la destruction de l'économie nationale », *Al-Akhbar*, 31/ 8/ 2021.
Mourtada Radwan, « Des suspicions au sujet d'une banque qui fait de la contrebande de dollars », *Al-Akhbar*, 3/ 3/ 2020.
Mourtada Radwan, « La grotte de l'administration du trafic routier : Salloum aurait imposé des pots-de-vin à payer par les bénéficiaires de la corruption », *Al-Akhbar*, 17/ 11/ 2022.
Mourtada Radwan, « L'arrestation des spéculateurs : quoi donc au sujet de ceux qui les emploient », *Al-Akhbar*, 6/ 2/ 2023.
Mourtada Radwan, « Les comptes rendus des interrogatoires avec 18 changeurs et spéculateurs », *Al-Akhbar*, 21/ 2/ 2023.
Nassif Nicolas, « Aoun-Mikati : le gouvernement à tordre le bras », *Al-Akhbar*, 19/ 7 2022.
Nassif Nicolas, « Le gouvernement d'avant les élections », *Al-Akhbar*, 11/ 6/ 2022.
Nassif Nicolas, « Les derniers jours du mandat : qui gère la vacance, le gouvernement ou l'anarchie », *Al-Akhbar*, 25/ 10/ 2022.
Nassif Nicolas, « Seul le gouverneur détient le secret des chiffres de la banque du Liban », *Al-Akhbar*, 3/ 3/ 2020.
Nassif Nicolas, « De la référence au pacte national de Berri à celle du Hezbollah », *Al-Akhbar*, 12/ 4/ 2022.
Nelson S. C., "The International Monetary Fund's Evolving Role in Global Economic Governance." in M. Moschela and C. Weaver (eds.), *Handbook of Global Economic Governance*, Milton Park: Routledge, 2014, pp. 156–170.
Palma Gabriel, «The "Three Routes" to Financial Crises: Chile, Mexico, and Argentina [1] ; Brazil [2] ; and Korea, Malaysia and Thailand [3] », in J. Eatwell, L. taylor (eds.), *International Capital Markets: Systems in Transition*, Oxford University Press, 2002; reprinted in Chang Ha-Joon (ed.), *Rethinking Development Economics*, Anthem Press, 2003, pp. 347-376.
Ponsot Jean–François, Siham Rizkallah, « La Dollarisation au Liban : les défis de la BDL dans ses choix monétaires et de

régime de change », Séminaire sur zoom, LEFMI, SIHE, université de Picardie, 3 mars 2023.
Reinke Raphael, *The Politics of Bank Bailouts*, European University Institute, Florence, 2014, 183 pages.
Reno William, "The Changing Nature of warfare and the Absence of State-Building in West Africa", in D. Davis, A Pereira (eds.), *Irregular Armed Forces and their Role in Politics and State Formation,* Cambridge Univ. Press, 2003.
République libanaise – Ministère des Finances, « Rapport sur le projet de budget public de 2022 », 38 pages, 26 janvier 2022.
République libanaise – Présidence du conseil, « Texte complet du mémorandum d'accord avec le FMI », *Al-Akhbar*, 18/ 4/ 2022.
Rouçace Mohammad Saïd, « La place du Liban dans la région », *Al-Akhbar*, 16/ 5/ 2020.
Salloukh Bassel, "Taif and the Lebanese State: The Political Economy of a Very Sectarian Public Sector", in *Nationalism and Ethnic Politics*, vol. 25, 1, 2019.
Sid Ahmed Abdelkader, *Économie politique de la transition dans les pays en développement : le cas de la Syrie*, éd. Publisud, Paris, 1996.
Spavento Luigi, « De l'interaction des mouvements de taux de change et de l'inflation intérieure : cycles vicieux et cycles pas très vertueux, anciens et nouveaux », in *Revue Internationale des Sciences Sociales*, n° 3, 1983.
THERET BRUNO, « La dollarisation : polysémie et enflure d'une notion », *Critique Internationale*, 19, pp. 62-83, 2003.
Vedel Claude, *Théorie Monétaire Internationale*, Economica, Paris, 2ème édition, 1999.
Wehbé Mohammad, « Le budget de 2022 », *Al-Akhbar*, 27/ 9/ 2022.
Wehbé Mohammad, « Mikati fait appel à l'équipe de « Lazare » pour modifier le parcours », *Al-Akhbar*, 4/ 2/ 2022.
Wehbé Mohammad, « Sorties de dépôts du Liban », *Al-Akhbar*, 21/ 1/ 2019.
Wehbé Mohammad, « C'est ainsi que Salamé a fait flamber le prix du dollar », *Al-Akhbar*, 4/ 3/ 2021.
Wehbé Mohammad, « Ceux qui manipulent le taux de change », *Al-Akhbar*, 30/ 11/ 2021.
Wehbé Mohammad, « Des indicateurs financiers sources d'inquiétude : une guerre de taux d'intérêt entre les banques », *Al-Akhbar*, 18/ 9/ 2018.

Wehbé Mohammad, « Des indices financiers inquiétants : une guerre de taux d'intérêt entre les banques », *Al-Akhbar*, 25/ 9/ 2018.
Wehbé Mohammad, « Deux prix du dollar dans une même circulaire », *Al-Akhbar*, 30/ 9/ 2021.
Wehbé Mohammad, « Il n'y a pas de correction des salaires, mais un geste de générosité temporaire », *Al-Akhbar*, 25/ 10/ 2021
Wehbé Mohammad, « L'État se déplace à l'aveuglette », *Al-Akhbar*, 23/ 8/ 2021.
Wehbé Mohammad, « L'illusion de la croissance et les allégations au sujet de la contrebande », *Al-Akhbar*, 9/ 1/ 2023.
Wehbé Mohammad, « Le budget public : le dépouillage du secteur public… », *Al-Akhbar*, 21/ 1/ 2022.
Wehbé Mohammad, « Le classement de « Standard and Poor » à très bientôt : le Liban au bord du précipice », *Al-Akhbar*, 6/ 8/ 2019.
Wehbé Mohammad, « Le classement du Liban se dégrade », *Al-Akhbar*, 24/ 8/ 2019.
Wehbé Mohammad, « Le dollar a fait un saut de 7100 Livres libanaises en un mois », *Al-Akhbar*, 14/ 10/ 2021.
Wehbé Mohammad, « Le gouverneur reconnaît que « la période est difficile » : il faut éloigner la « bulle financière », *Al-Akhbar*, 27/ 9/ 2018.
Wehbé Mohammad, « Le PNUD à la présidence du Conseil », *Al-Akhbar*, 22 / 8/ 2017.
Wehbé Mohammad, « Le tarif des communications : la base du pillage est dans le taux de change », *Al-Akhbar*, 6/ 7/ 2022.
Wehbé Mohammad, « Riad Salamé jetant les dés : ce sont « eux » qui portent la responsabilité », *Al-Akhbar*, 12/11/ 2019.
Wehbé Mohammad, « Moody's dégrade le classement du Liban », *Al-Akhbar*, 22/ 1/ 2019.
Wehbé Mohammad, « Ceux qui manipulent le taux de change », *Al-Akhbar*, 30/ 11/ 2021.
Wehbé Mohammad, « Faillite après le clientélisme », *Al-Akhbar*, 29/ 6/ 2022.
Wehbé Mohammad, « Le cercle vicieux de Salamé continue : favoriser la spéculation », *Al-Akhbar*, 2/ 3/ 2023.
Wehbé Mohammad, « Le magicien noir reconnaît : c'est moi qui hausse le prix du dollar », *Al-Akhbar*, 24/ 10/ 2022.
Wehbé Mohammad, « Les banques cherchent à interdire l'usage des réserves en dollars », *Al-Akhbar*, 9/ 5/ 2022.

Wehbé Mohammad, « Les salaires restent en retard par rapport au rythme de l'effondrement », *Al-Akhbar*, 27/ 4/ 2023.
Wehbé Mohammad, « Les titres de l'accord avec le FMI », *Al-Akhbar*, 7/ 4/ 2022.
Wehbé Mohammad, « Mikati sans réalisations », *Al-Akhbar*, 16/ 2/ 2022.
Wehbé Mohammad, « Pas de quota ouvert pour les ventes de dollars », *Al-Akhbar*, 14/ 6/ 2022.
Wehbé Mohammad, Roula Ibrahim, « Le Liban coinçé entre les gens au pouvoir et le FMI », *Al-Akhbar*, 24/ 3/ 2023.
Wehbé Mohammad, Roula Ibrahim, « Salamé favorise la hausse du dollar », *Al-Akhbar*, 23/ 8/ 2022.
World Bank, *Economic and Labor Force Impact of the Proposed Change in the Wage Structure of the Public Sector*, Report no. 79324-LB, June 2013, 35 pages.
Zbib Mohammad, « 1,3 milliards : le coût de l'augmentation de l'échelle des traitements », *Al-Akhbar*, 17/ 12/ 2018.
Zbib Mohammad, « Le budget le plus austère dans l'histoire du Liban », *Al-Akhbar*, 13/ 5/ 2019.
Zbib Mohammad, « Entre le marteau du FMI et l'enclume de la Banque du Liban », *Al-Akhbar*, 23/ 7/ 2018.
Zbib Mohammad, « Recul des dépôts des grands déposants : ils font fuir leur argent », *Al-Akhbar*, 20/ 10/ 2019.

Table des matières

Revue « Marché et Organisations »

Promouvoir la recherche originale sur les relations de plus en plus étroites entre le marché et les organisations. Les acteurs économiques de taille, de puissance et de pouvoir différents dont les intérêts peuvent être convergents, complémentaires ou, le plus souvent, antagoniques, ont tendance à organiser les marchés. La raison du marché, pourtant, est la référence stratégique pour l'entreprise ainsi que pour les institutions publiques de décision économique.

N°6 : Entrepreneuriat et accompagnement. Outils, actions et paradigmes nouveaux, 2008
N°7 : Développement durable des territoires. Economie sociale, environnement et innovations, 2008
N°8 : Développement durable et responsabilité sociale des acteurs, 2009
N°9 : Gouvernance : exercices de pouvoir, 2009
N°10 : Le travail collaboratif. Une innovation générique, 2009
N°11 : Economie sociale et solidaire. Nouvelles trajectoires d'innovations, 2010
N°12 : Relations à la marque et marques de la relation. Regards croisés sur le management relationnel de la marque, 2010
N°13 : Les contrats au service de la recherche ?, 2011
N°14 : Le potentiel économique de l'Afrique subsaharienne, 2011
N°15 : Management de la distribution, 2012
N°16 : Territoire Vert. Entreprises, Institutions, Innovations, 2012
N°17 : Eco-conception, conception et innovation. Les nouveaux défis de l'entreprise, 2013
N°18 : Intelligence économique : entreprises et territoires, 2013
N°19 : La finance globale. Un monde fini, 2013
N°20 : La crise du « développement », 2014
N°21 : La Chine innove. Politiques publiques et stratégies d'entreprise, 2014
N°22 : Go East! Nouvelles Economies de Marché, 2015
N°23 : L'économie du changement, 2015
N°24 : Le temps des artisans. Permanences et mutations, 2015
N°25 : Innovations de proximité et esprit d'entreprise, 2016
N°26 : L'avenir des économies du Maghreb : entre inertie structurelle et envie de rupture, 2016/3 (n° 27)
N°27 : Le sport aux frontières du marché du travail, 2016
N°28 : Dynamiques internationales des entreprises, 2017
N°29 : L'univers du risque, 2017
N°30 : Les petites entreprises dans l'histoire industrielle, 2017
N°31 : Economie sociale et *social business* ? Au défi d'entreprendre et se financer, 2018
N°32 : Éducation et fertilisation des économies africaines, 2018
N°33 : L'entrepreneuriat innovant dans les pays du Maghreb, 2018
N°34 : L'entrepreneuriat scientifique : institutions et innovation, 2019
N°35 : Le champ économique de la culture, 2019
N°36 : Economie sociale et solidaire ? Modèles d'innovation et modes de gouvernance, 2019
N°37 : Rethinking Luxury Business, 2020
N°38 : La santé connectée. Nouvelles technologies et réorganisation des soins, 2020
N°39 : Options stratégiques et systèmes complexes d'innovation, 2020
N°40 : Les services : intégration des systèmes productifs et lien social, 2021
N°41 : Crise pandémique, crise globale. Réalité et controverses théoriques, 2021
N°42 : La crise de la covid-19. Le marché et les organisations en perspective, 2021
N°43 : (Re)faire système. *Bug & reset*, 2022
N°44 : Aléas du marché et management du risque, 2022
N°45 : Le renouveau du transport et de la logistique : les systèmes d'information, 2022
N°46 : Entrepreneuriat et innovation dans l'enseignement supérieur, 2023
N°47 : Le tourisme créatif. Culture, créativité, patrimoine, management, 2023
N°48 : L'Afrique : questions de performances, 2023

https://www.cairn.info/revue-marche-et-organisations.htm

Collection « L'esprit économique »

fondée par Sophie Boutillier et Dimitri Uzunidis en 1996

Dernières parutions

▶ ***Série Economie et Innovation***
T. MICHAUD, *Le projet spatial européen, entre pragmatisme et imagination*, 2020.
J.-P. SCHMITT, N. RAVIDAT, *Management conjoint de la technologie et de la personne. Pour performer et croitre*, 2020.
Y. EL YAHYAOUI, *Economie des plateformes numériques. Captation de la valeur, pouvoir de marché et communs collaboratifs*, 2021.
G. DUTHIL, *Handicap et insertion professionnelle*, 2022.
T. MICHAUD, *La science-fiction institutionnelle*, 2023.

▶ ***Série Le Monde en Questions***
I. BEN ABDELKADER, *La microfinance dans la région du Moyen-Orient et de l'Afrique du nord (MENA). Aperçu global et enjeux actuels*, 2022.
C. GALLOUJ, *Grande distribution alimentaire au Maroc. Acteurs et stratégies*, 2022.
J. PIERRE-JUSTIN VIRAPATIRIN, *La petite économie insulaire de la Guadeloupe. Bilan, enjeux et perspectives*, 2022.
K. ESSAF, *Les Sukuk : aspects théoriques, rendement et risques*, 2022.
C. GALLOUJ, S. GALLOUJ, *Grande distribution non alimentaire au Maroc. GSS, grands magasins, malls, franchises et e-commerce*, 2023.
C. SARI, *Valeur relative de la monnaie et taux de change. Vers la fin de l'étalon dollar ?*, 2023.
G. DUTHIL, N. POLINI, *La Défense nationale*, 2023.

▶ ***Série Krisis***
A. RODRIGUEZ-HERRERA, Travail, valeur et prix. Reprise et clôture d'un débat centenaire (1885-1985) a la lumière des textes marxiens, 2021.
R. DELORME, *La complexité autrement. Une réponse nouvelle à la pandémie et à d'autres phénomènes sociaux complexes*, 2022.
V. YEFIMOV, *L'ordre social monétaire. L'économie discursive défit le courant dominant et l'économie narrative*, 2022.
M. WIELEZYNSKI, *La loi du marché post-esclavagiste. Une approche critique*, 2023.
G. MINART, *Condorcet économiste : un libéralisme économique au service du bien public*, 2023.

▶ ***Série Clichés***
S. BOUTILLIER, D. UZUNIDIS (dir.), *La Russie européenne. Du passé composé au futur antérieur*, 2008.
R. VOLPI, *La négociation. Pain, paix, liberté*, 2009.
B. S. BONBON, *Géométrie parabolique tridimensionnelle ou perspective parabolique*, 2023.

▶ ***Série Cours Principaux***
R. SANTENAC, *Le cycle des crises financières. Une étude approfondie des causes, des impacts et de la fréquence*, 2020.
B. LANDAIS, *Macroéconomie efficace. Croissance et crises*, 2020.
A. MBULI LANDU, *Le memo d'un comptable. Approche par le SYSCOHADA révisé*, 2021.
M. EL KARRIM, *Introduction à l'économétrie appliquée*, 2022.
Z. FIRANO, *Fondements de la finance de marché. Théories et applications*, 2022.
Y. KEHO, *Introduction à l'économétrie appliquée sous EVIEWS, Rappels de cours et illustrations pratiques*, 2023.
K. AMZILE, *Intelligence artificielle et modélisation du risque de crédit*, 2023.

▶ ***Série L'économie formelle***
H. AMAAZOUL, *Responsabilité sociétale des entreprises et performance financière. Étude appliquée aux entreprises marocaines*, 2021.
M. BERTONECHE, *Chroniques économiques de notre temps*, 2021.
E. CARREY, H. LANDIER, *Après la guerre contre la Covid : de l'économie financière a l'entrepreneuriat social*, 2021.
J. LATREILLE, *Sale temps pour l'économie marchande*, 2021.
J. LATREILLE, *Escronomistes ! Ces théories qui abîment le monde*, 2022.
M. FOUQUIN, *Dettes publiques à long terme et souveraineté nationale : enseignements des crises du XIIe au XXIe siècle*, 2023.

Collection « L'esprit économique »

Dernières parutions

Structures éditoriales du groupe L'Harmattan

L'Harmattan Italie
Via degli Artisti, 15
10124 Torino
harmattan.italia@gmail.com

L'Harmattan Hongrie
Kossuth l. u. 14-16.
1053 Budapest
harmattan@harmattan.hu

L'Harmattan Sénégal
10 VDN en face Mermoz
BP 45034 Dakar-Fann
senharmattan@gmail.com

L'Harmattan Cameroun
TSINGA/FECAFOOT
BP 11486 Yaoundé
inkoukam@gmail.com

L'Harmattan Burkina Faso
Achille Somé – tengnule@hotmail.fr

L'Harmattan Guinée
Almamya, rue KA 028 OKB Agency
BP 3470 Conakry
harmattanguinee@yahoo.fr

L'Harmattan RDC
185, avenue Nyangwe
Commune de Lingwala – Kinshasa
matangilamusadila@yahoo.fr

L'Harmattan Congo
219, avenue Nelson Mandela
BP 2874 Brazzaville
harmattan.congo@yahoo.fr

L'Harmattan Mali
ACI 2000 - Immeuble Mgr Jean Marie Cisse
Bureau 10
BP 145 Bamako-Mali
mali@harmattan.fr

L'Harmattan Togo
Djidjole – Lomé
Maison Amela
face EPP BATOME
ddamela@aol.com

L'Harmattan Côte d'Ivoire
Résidence Karl – Cité des Arts
Abidjan-Cocody
03 BP 1588 Abidjan
espace_harmattan.ci@hotmail.fr

Nos librairies en France

Librairie internationale
16, rue des Écoles
75005 Paris
librairie.internationale@harmattan.fr
01 40 46 79 11
www.librairieharmattan.com

Librairie des savoirs
21, rue des Écoles
75005 Paris
librairie.sh@harmattan.fr
01 46 34 13 71
www.librairieharmattansh.com

Librairie Le Lucernaire
53, rue Notre-Dame-des-Champs
75006 Paris
librairie@lucernaire.fr
01 42 22 67 13

www.ingramcontent.com/pod-product-compliance
Lightning Source LLC
LaVergne TN
LVHW021235061026
849535LV00008B/3065